ASSUNTO D'ADDARIO

GUADAGNARE CON LE SMALL CAP

Strategie per Investire in Borsa con le Società a Capitale Ridotto

Titolo
"GUADAGNARE CON LE SMALL CAP"

Autore
Assunto D'Addario

Editore
Bruno Editore

Sito internet
www.brunoeditore.it

ATTENZIONE: investire in Borsa è rischioso

Le strategie riportate in questo libro sono frutto di anni di studi e specializzazioni, quindi non è garantito il raggiungimento dei medesimi risultati economici. I risultati passati ottenuti dall'autore non forniscono alcun tipo di garanzia per i guadagni futuri. Questa guida fornisce tecniche e strategie per investire e guadagnare attraverso il trading online. Però niente e nessuno può fornire indicazioni su investimenti sicuri al 100%. Il lettore si assume piena responsabilità delle proprie scelte economiche e finanziarie, consapevole dei rischi connessi a qualsiasi forma di investimento in Borsa.

I casi di studio e gli esempi contenuti nel testo sono frutto di notizie e opinioni che possono essere modificate in qualsiasi momento senza preavviso e non costituiscono sollecitazione all'acquisto o alla vendita di valori mobiliari e al pubblico risparmio. L'unico scopo è di fornire elementi di studio sull'andamento dei mercati, pertanto non possono essere considerate come previsioni certe e non mettono al riparo dal rischio insito nelle operazioni di investimento in titoli.

L'Autore e l'Editore declinano ogni responsabilità su eventuali inesattezze dei dati riportati, danni, perdite economiche, danni diretti o indiretti derivanti dall'uso o dalla divulgazione delle informazioni contenute in questo libro.

Sommario

Introduzione

Sia che abbiate già investito in azioni e forse anche perso i vostri soldi, sia che invece iniziate ora il vostro cammino, le informazioni che troverete in questo ebook sono di valore inestimabile. Sono ormai quindici anni che mi dedico agli investimenti azionari, ho scoperto che in giro ci sono molti libri che parlano di questa materia e altri che parlano solo della psicologia del trading, ma la maggior parte delle persone, anche di quelle molto colte, continua a perdere denaro.

Mi sono chiesto: «Perché questi investitori, soprattutto quando iniziano a fare trading, perdono i loro soldi? È possibile mettere a punto una tecnica che dia risultati positivi senza il rischio di perdere il proprio denaro?» Le risposte a queste domande le troverete nel corso dell'ebook, ma sappiate subito che il primo errore comune a tutti gli investitori è di non rispettare la pianificazione del proprio modo di investire.

Mi spiego meglio: investo su un determinato titolo da cassettista (che vuol dire tenere il titolo in portafoglio almeno quattro o cinque anni), però il titolo dopo un mese ha una performance del 30% e quindi vendo. Ricontrollo dopo due mesi lo stesso titolo e vedo che ha guadagnato il 90%. In questo caso non ho rispettato la pianificazione perché sono stato influenzato dall'emotività. La prima regola è pianificare. Prima di operare, devo avere un piano adeguatamente preparato per ogni negoziazione, in modo tale da massimizzare i profitti e minimizzare le perdite.

Avendo un piano prestabilito è facile mantenere la calma, sia che il nostro titolo scenda sia che guadagni. Questo è un elemento molto prezioso della metodologia che potrai apprendere tramite questo ebook. Molte delle persone che si avvicinano a questa attività senza esperienza, avrebbero evitato numerosi errori se avessero avuto il tempo di leggere i concetti qui esposti.

Occorre conoscere molti aspetti della negoziazione e della carriera di investitore se si vuole diventare un trader o investitore di successo; purtroppo le probabilità sono contro di te se non hai le nozioni necessarie a investire professionalmente.

Dopo quindici anni sul mercato posso dire con assoluta certezza che il primo "mostro" da battere è la gestione dello stress da investimento. Se non si riesce a mantenere una certa autodisciplina, le emozioni avranno la meglio e si finirà per perdere. Purtroppo, la paura e l'avidità portano a fare gesti irrazionali di cui poi ci si può pentire.

Attraverso il metodo d'investimento proposto in questo ebook, farò in modo che la disciplina possa avere la meglio sulle emozioni, in modo da ottenere più guadagni e meno stress. Con le giuste strategie, la determinazione e l'impegno costante si possono ottenere ottimi risultati.

Buon lavoro!

Assunto D'Addario

GIORNO 1:

Come conoscere gli elementi base della Borsa

Che cos'è la Borsa e perché esistono le azioni

Che cos'è la Borsa? È il mercato regolamentato dove vengono scambiati strumenti finanziari quali azioni, obbligazioni, valute, ETF e altro a un certo prezzo che viene stabilito dall'incontro tra domanda e offerta di quel dato momento. Questo scambio è permesso ovviamente solo alle banche o SIM autorizzate, e il privato vi può accedere disponendo di un conto corrente e relativo conto titoli.

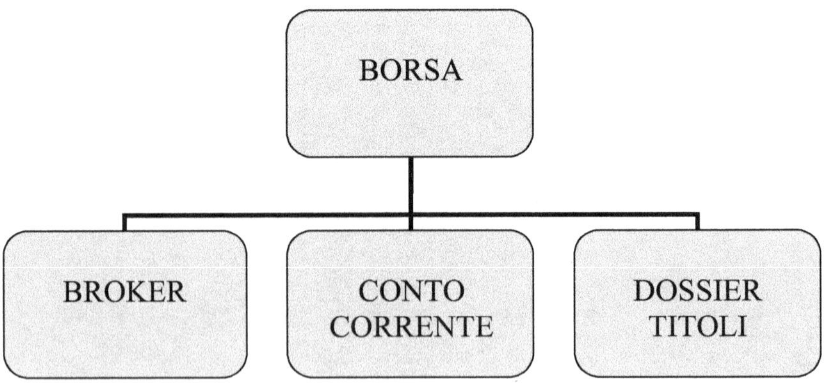

Le azioni rappresentano quote di partecipazione di una certa società e il risparmiatore, acquistandole, è come se diventasse un socio, acquisendone i rischi e ovviamente i guadagni derivanti dall'esercizio dell'attività. In precedenza gli scambi avvenivano alle grida, nel senso che gli intermediari si scambiavano a voce il costo delle singole azioni, oggi invece vengono negoziati telematicamente accedendo ai mercati tramite internet alla borsa valori che gestisce la compravendita.

Il vantaggio di compiere le transazione online ha annullato definitivamente la possibilità di commettere errori durante la fase di emissione dell'ordine. Inoltre, operando online gli utenti hanno a disposizione una grande quantità d'informazioni che in passato era difficile ottenere dal broker della propria banca.

SEGRETO n. 1: la borsa è il mercato regolamentato dove vengono scambiate le azioni; acquistandole si diventa soci della società, acquisendone i rischi e i relativi guadagni.

Durante l'orario di apertura, che per il mercato italiano (Borsa di Milano) è dalle 9.30 fino alle 17.25 e per il mercato americano

(Borsa di New York) è dalle 15.30 fino alle 22.30, possono essere acquistate azioni di una certa società. Il mercato americano dove la maggior parte degli investitori di tutto il mondo opera è diviso in:

- NYSE (New York Stock Exchange), in cui sono inseriti i maggiori titoli del mercato americano;
- Nasdaq, il grande mercato dei titoli tecnologici;
- Amex, in cui sono inserite le aziende più piccole.

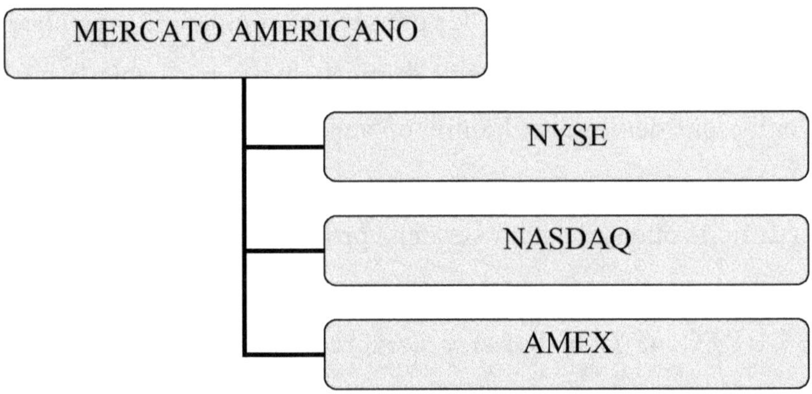

Come selezionare il broker in base al mercato su cui operare

Come abbiamo detto, per acquistare o vendere un titolo dobbiamo disporre di un intermediario abilitato. Il modo migliore per decidere quale broker scegliere è quello di determinare di che cosa avete bisogno. Se avete intenzione di investire solo ed esclusivamente in borsa non c'è bisogno di scegliere un broker che vi offra un servizio completo. Invece, se oltre alla borsa vi servono anche altri servizi quali bancomat, bonifici ecc., opterete per un'altra banca.

Se lo scopo, infine, è di fare scalping (ossia operare sulla compravendita a breve termine), potete optare per intermediari che vi consentano di effettuare operazioni superveloci perché in quel caso, se occorre molto tempo per eseguire l'ordine, potreste perdere denaro. A questo scopo è molto importante che il broker impieghi la tecnologia Push, vale a dire l'aggiornamento automatizzato delle quotazioni, senza che l'utente debba eseguire il Refresh della pagina. Inoltre, per lo scalper è fondamentale il cosiddetto book, dove appaiono le proposte di vendita e di acquisto con la relativa quantità di titoli. Un suggerimento prezioso è chiedere anche attraverso forum o blog a chi già investe in azioni.

Ecco una serie di domande per individuare il broker adatto a voi:

- Quali sono le commissioni di compravendita?
- Vi sono altre spese supplementari?
- In quali mercati posso investire?
- Per iniziare ho necessità di un deposito minimo?
- Il *broker* ha un numero verde in caso d'incertezze?
- Il servizio fornisce funzioni automatizzate?
- Esiste l'opportunità di operare nei mercati esteri?
- Vi è la possibilità di cambiare valuta?
- È possibile investire con il cellulare?
- È possibile ordinare tramite fax?
- Le relazioni sulle aziende sono aggiornate quotidianamente?
- Ci sono nel sito analisi approfondite e indicatori sulle società?
- Che tipo di ordini posso eseguire?
- Si ha la possibilità di revocare un ordine?
- Il denaro trattenuto sul conto corrente che interesse mi frutta?
- La banca è al riparo dal punto di vista informatico?
- Quali antivirus mi offre e qual è, eventualmente, il loro costo?
- Il broker mi offre la possibilità di investire direttamente in valuta (dollaro USA, franco svizzero, sterlina inglese)?
- È possibile operare in leva ed eseguire operazioni di short

selling anche multiday e senza importi minimi?

- La banca fornisce quotazioni in tempo reale, analisi tecnica, suggerimenti degli analisti, report finanziari, grafici, e specialmente ordini automatici?
- A proposito di ordini automatici, è possibile inserire un ordine di trailing stop in percentuale, vale a dire che segue l'andamento del mercato?
- Il broker è affidabile dal punto di vista finanziario e a quale gruppo appartiene?
- Posso ricevere avvisi tramite email o SMS, e per quali operazioni?

SEGRETO n. 2: per acquistare o vendere azioni occorre un intermediario abilitato che consente di effettuare operazioni adatte alle vostre esigenze.

Come abbiamo detto in precedenza, ormai quasi tutti gli investitori operano telematicamente. Per aprire un conto *trading*, molte banche sono provviste ormai di tutta la documentazione online, basta scaricare i documenti indispensabili e rispedirli per posta. Tra questi, i più importanti sono i contratti che regolano tutta la negoziazione (compresi i costi di transazione), la custodia titoli, le regole sulla privacy, la scelta del tipo di tassazione (di solito risparmio amministrato), la rischiosità degli investimenti, con attribuzione di una categoria d'investitore che va dall'aggressivo al difensivo.

La competizione tra i vari broker, negli ultimi anni ha fatto scendere notevolmente il prezzo di compravendita. Basti considerare che alcuni anni fa le commissioni sul mercato italiano erano dello 0,9%, mentre oggi si attestano intorno allo 0,19% oppure con costi fissi pari a 10 €. Da non trascurare, soprattutto per gli scalper, la formula Roll-on, che in funzione delle commissioni generate dà diritto a una riduzione del prezzo per eseguito.

Nella valutazione del broker, assicuratevi sempre che il soggetto che propone l'investimento sia autorizzato a svolgere tale attività. Diffidate da proposte d'investimento che offrono rendimenti molto alti, soprattutto nel forex dove si raggiungono percentuali del 10% mensili.

Il contratto va instaurato in forma scritta, e va controllata periodicamente la regolarità sia delle transazioni sia dell'attività svolta dall'intermediario. Si raccomanda di scambiare informazioni tramite blog con altri operatori del settore, per essere aggiornati su eventuali broker sospetti.

Come e su cosa investire per gestire il "fattore rischio"

Nell'adottare una qualsiasi decisione d'investimento, gli investitori sono chiamati a quantificare gli specifici fattori di rischio.

L'investitore deve terminare un'operazione solo se ha ben compreso la sua natura e il grado di esposizione al rischio che essa implica, con particolare richiamo alla situazione patrimoniale, agli obiettivi d'investimento e alla conoscenza nel campo degli investimenti in strumenti finanziari.

Tutto ciò deve essere esposto insieme alle altre informazioni contenute nel documento di registrazione e, tra le altre cose, alla nota informativa, al prospetto di base, alla nota di sintesi e alle condizioni definitive, secondo i casi.

Al fine di un prudente apprezzamento dei rischi, i potenziali investitori devono valutare tutte le informazioni fornite nel documento di registrazione ed è necessario tenere presenti i seguenti elementi:

- variabilità del prezzo;
- liquidità;
- divisa di riferimento;
- altri rischi generali.

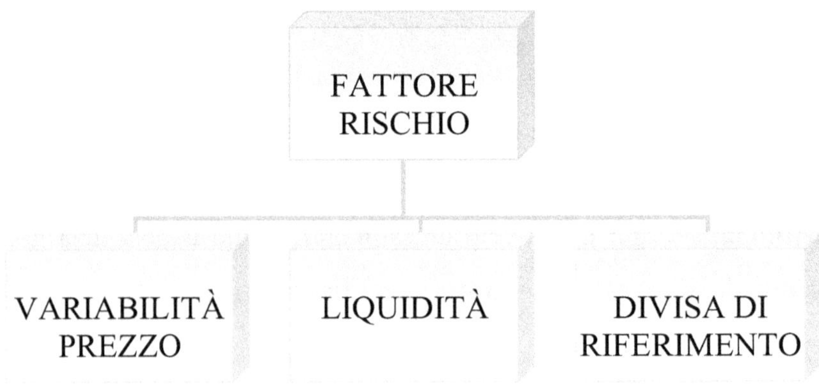

Per quando riguarda la variabilità del prezzo, bisogna innanzitutto distinguere tra titoli di capitale (tra cui le azioni) e titoli di debito.

Acquistando azioni si diviene soci della società emittente, partecipando per intero al rischio economico ma anche acquisendo il diritto a percepire ogni anno il dividendo sugli utili conseguiti nel periodo di riferimento. L'assemblea dei soci può anche stabilire di non distribuire alcun dividendo.

Acquistando invece titoli di debito si diviene finanziatori della società o Stato che li ha emessi e si ha diritto a percepire gli interessi previsti e, alla scadenza, al rimborso del capitale prestato.

Un titolo di capitale (azione) è più rischioso di un titolo di debito, poiché la remunerazione spettante a chi lo possiede è maggiormente legata all'andamento economico della società emittente. Il detentore di titoli di debito, invece, rischierà di non essere remunerato solo in caso di fallimento della società emittente. In ogni caso, i detentori di titoli di debito di società fallite potranno partecipare, con altri creditori, alla suddivisione dei proventi derivanti dalla vendita della società medesima, mentre è quasi escluso che i detentori di azioni possano vedersi restituire quanto investito.

Per limitare questo rischio, si può suddividere il proprio investimento tra titoli emessi da emittenti diversi (diversificazione del portafoglio), ma è fondamentale apprezzare la solidità patrimoniale e le prospettive economiche delle varie società.

Per valutare inoltre la congruità del dividendo o dei tassi d'interesse pagati da una società, si devono tener presente i tassi d'interesse corrisposti dagli emittenti il cui rischio è considerato quasi nullo, e in particolare il rendimento offerto dai titoli di Stato, con riferimento a emissioni con pari scadenze. È inoltre importante, per l'investitore, valutare entro quali tempi potrà avere necessità di smobilizzare l'investimento.

Per quanto riguarda invece il rischio liquidità, esso dipende in primo luogo dalle caratteristiche del mercato in cui il titolo è trattato e consiste nella sua attitudine a trasformarsi prontamente in moneta senza perdita di valore. In generale, i titoli trattati su mercati organizzati sono più liquidi in confronto allo smobilizzo di titoli di difficile accesso.

Per quando riguarda invece la divisa, qualora uno strumento finanziario sia denominato in una divisa diversa da quella di riferimento per l'investitore italiano, al fine di valutare la rischiosità complessiva dell'investimento occorre tenere presente la volatilità del rapporto di cambio tra l'euro e la divisa estera in cui è denominato l'investimento.

L'investitore deve considerare che i rapporti di cambio con le divise di molti paesi, tra cui quelli in via di sviluppo, sono molto volatili e che l'andamento può condizionare il risultato complessivo dell'investimento. Altri rischi possono essere l'impossibilità di rientrare in possesso del proprio denaro a causa dell'insolvenza dell'intermediario o di uno Stato. L'investitore, comunque, deve ottenere dall'intermediario informazioni dettagliate riguardo a tutte le commissioni, le spese e gli altri oneri, che devono essere riportati nel contratto d'intermediazione.

Altro rischio, anche se improbabile, potrebbe essere il malfunzionamento dei sistemi software della banca che possono subire temporanei arresti o attacchi da parte di pirati informatici. In questo caso, la possibilità per l'investitore di essere risarcito potrebbe essere compromessa da limitazioni di responsabilità stabilite dai fornitori dei sistemi o dai mercati. Ci sono poi i rischi legati a investimenti in strumenti finanziari derivati quali opzioni, warrant o swaps, di cui non approfondiremo in questo manuale ma che implicano un grado di rischio molto elevato, con la possibilità che si sopraggiunga a scadenza perdendo tutta la somma investita o addirittura, nel caso short, con perdite smisurate.

SEGRETO n. 3: l'investitore deve terminare un'operazione solo se ha ben compreso il grado di esposizione al rischio, tra cui la variabilità del prezzo, la liquidità, la divisa di riferimento e altri rischi generali.

Come effettuare gli ordini e selezionare gli ordini condizionati

Prima di eseguire gli ordini, dobbiamo compiere lo stock picking, cioè la scelta dei titoli da includere nel portafoglio.

Per fare questo, dapprima siamo obbligati a scegliere il mercato di riferimento, per esempio quello italiano, americano o tedesco, per poi valutare i titoli più interessanti scelti in base a metodi di analisi tecnica o fondamentale.

Selezionati i titoli, non rimane altro che scegliere il momento giusto per effettuare l'acquisto o la vendita e la quantità di azioni da concedere a ogni titolo in portafoglio. A questo punto, non resta che passare l'ordine al proprio broker.

Come possiamo eseguire l'ordine di compravendita? Ci sono due modi per portare a termine l'ordine diretto in borsa, denominati:

- ordini al meglio;
- ordini limitati.

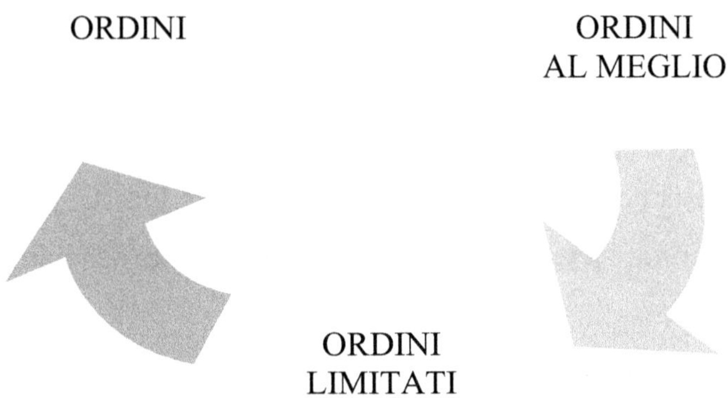
ORDINI
ORDINI
AL MEGLIO
ORDINI
LIMITATI

Gli ordini al meglio sono eseguiti senza indicare il prezzo di acquisto o vendita, al primo prezzo inserito nel *book* di negoziazione. Questi ordini sono molto rischiosi perché, soprattutto per titoli con poco volume o bassa capitalizzazione, il prezzo può variare notevolmente.

Negli ordini limitati, raccomandati dagli esperti, è indicato precisamente il prezzo di acquisto o di vendita, anche se c'è il rischio che il prezzo da noi inserito sia più basso di quello di mercato ed è probabile la mancata compravendita. In questo caso, possiamo ripetere l'ordine a un prezzo leggermente modificato, ma è sempre meglio che acquistare o vendere a un prezzo spropositato. Per effettuare la compravendita o per tenere sotto controllo le azioni in portafoglio, possiamo utilizzare gli ordini condizionati. L'immissione di un ordine condizionato non trattiene il denaro o i titoli sul conto, ma solo al verificarsi della condizione l'ordine va a mercato. Essi si possono inserire in qualunque fase di mercato, anche a mercati chiusi, ma sono inviati al mercato solo in fase di negoziazione continua.

L'ordine condizionato può essere anch'esso al meglio o limitato e si potrà cancellare in qualsiasi momento, mentre non è possibile modificarlo (per correggerlo bisogna cancellare l'ordine precedente e inserire il nuovo).

Nel momento in cui si invia l'ordine condizionato, la banca non controlla se c'è la disponibilità sul conto; però, nel momento in cui l'ordine va al mercato, se i fondi disponibili non sono adeguati, la banca non esegue la transazione.

Vediamo ora alcuni tipi di ordini condizionati o automatici:

- *stop loss*;
- *take profit*;
- *trailing stop*.

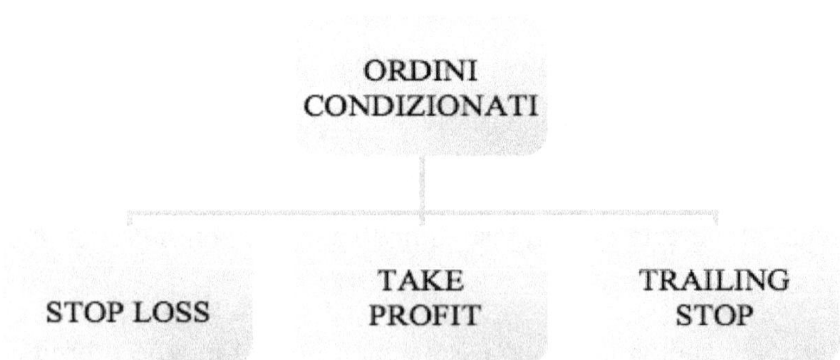

Lo *stop loss* rappresenta la perdita massima che si è disposti a sopportare nel caso in cui il titolo da noi acquistato perda. Questa funzionalità permette di stabilire in anticipo i livelli d'uscita da un titolo.

Ecco un esempio: poniamo il caso di acquistare mille azioni del titolo ENI a 20 € e contemporaneamente di inserire lo *stop loss* a 19 €. Se il titolo incomincia a perdere e tocca quota 19 €, automaticamente usciamo dalla posizione con una perdita del 5%.

Il *take profit* è il contrario dello *stop loss*, vale a dire che indica il prezzo obiettivo cui s'intende chiudere la posizione. Nell'esempio precedente, se impostiamo il *take* a 22 € e il titolo arriva a questo prezzo, il guadagno sarà del 10%.

Il *trailing stop* protegge l'investimento in maniera diversa. Infatti, a differenza dello *stop loss* che è, solitamente, calcolato come livello di prezzo fisso o come valore percentuale, il *trailing stop* prende in considerazione l'ultimo massimo (minimo) relativo raggiunto dal titolo e controlla un range di scostamento massimo. In pratica, segue il trend del titolo.

Ecco un esempio: se acquistiamo ENI a 20,20 €, con il solo *stop loss* il valore di vendita è, poniamo il caso, 20,05 €. Se però, nel frattempo, il titolo sale a 20,85 €, il nuovo *stop loss* automatico passerà da 20,05 € a 20,70 €.

È importante sapere che l'impostazione di un ordine condizionato non garantisce l'esecuzione al prezzo prefissato, ma solo l'invio a mercato. Sarà poi il prezzo raggiunto in negoziazione a eseguire o meno l'ordine. Quindi, è bene controllare se l'ordine è eseguito.

L'ordine condizionato è molto utile perché si decide a priori il prezzo di vendita o di acquisto. Infatti, vendere un'azione è la parte più difficile, e giacché la psicologia di mercato lavora su tutti noi, bisogna capire quando vendere, altrimenti si rischia di farlo nel momento peggiore.

SEGRETO n. 4: esistono due modi per effettuare l'ordine diretto in borsa, denominati ordine al meglio e ordine limitato.

Sfortunatamente, i titoli vincenti fanno sentire gli investitori a proprio agio e si è spinti a non vendere aspettando che il titolo salga ancora. Al contrario, i titoli perdenti fanno provare sentimenti di panico. I movimenti di mercato sono in grado di produrre passi falsi, spingendo a vendere in una situazione di panico e a comprare nel momento di estrema euforia.

Definire l'orizzonte temporale su cui si intende investire

Ogni volta che un investitore deve attuare un investimento, dovrebbe innanzitutto fissare l'orizzonte temporale sul quale intende investire. Per esempio, per il trader l'orizzonte temporale vale pochi minuti, per un trader part-time potrebbe essere di alcuni giorni, mentre per un cassettista potrebbe essere di anni.

Ovviamente, in conformità a questa scelta, specificheremo i grafici e il relativo trend di riferimento. Questo significa che non esiste un solo tipo di operatività sul mercato, ma che essa dipende dall'orizzonte temporale stabilito.

L'esperienza insegna che parecchi dei cosiddetti investimenti a lungo termine non sono altro che speculazioni di breve termine eseguite male e bloccate in portafoglio. Purtroppo, è difficoltoso chiudere una posizione in perdita, ma per operare al meglio bisogna avere la fermezza di eliminare questi titoli e attenersi a una rigorosa disciplina operativa. È ovvio che mediare in perdita non costituisce una valida scelta alla vendita del titolo.

Scelto l'orizzonte temporale, l'investitore dovrebbe tenersi lontano dai mercati con minima liquidità e con poca capitalizzazione (prenderemo in considerazione, come vedremo nella parte finale del libro, solo titoli con una Market cap superiore a 50 milioni di dollari). Eviteremo inoltre di investire il capitale a disposizione su un solo titolo, perché esso rappresenta per l'investitore la risorsa necessaria per continuare a operare con l'attività di trading.

In secondo luogo, investire la propria disponibilità solamente su alcuni titoli comporterebbe la perdita della serenità utile per investire. Infatti, visto che l'attività di trading può già di per sé risultare logorante a lungo termine, è inutile aggiungere altre preoccupazioni derivanti da speculazioni rischiose.

In definitiva, le regole suggerite in questo ebook hanno lo scopo di ottenere uno stile di gestione del proprio denaro per favorire una redditività proficua nel lungo periodo.

Evitare gli errori tipici e rispettare le regole d'investimento

Per guadagnare in borsa e avere veramente successo, occorre un corretto orientamento di tre fattori: il metodo, la gestione e la psicologia. La psicologia rappresenta senza dubbio la parte più importante lungo il cammino per diventare un investitore vincente.

Che cos'è la psicologia? È definita come la scienza che si occupa dei processi mentali e di comportamento. Questi processi comprendono i pensieri, i sentimenti e le motivazioni. Nel *trading*, emozioni come la paura, l'avidità, la superbia, l'orgoglio e la speranza sono da affrontare con la dovuta cautela. L'esempio classico è quello di Tiscali: aveva raggiunto prezzi sbalorditivi, ma chi ne aveva azioni in portafoglio, e forse ancora ne possiede, non ha mai venduto sperando che il prezzo tornasse ai valori di acquisto. In molti casi quel prezzo non si rivedrà mai.

Questo per farti comprendere che, se non riesce a controllare le emozioni, la maggior parte degli investitori può perdere rapidamente tutto il capitale. Controllare le emozioni può effettivamente fare la differenza tra successo e fallimento.

In questo capitolo vogliamo chiarire alcuni sbagli tipici degli investitori, particolarmente quelli alle prime armi. Fra gli errori più consueti figurano la scarsa diversificazione, le troppe transazioni e un'inadeguata valutazione delle proprie esigenze economiche. Purtroppo c'è chi decide di investire il proprio capitale a disposizione unicamente su uno o due titoli, sperando di guadagnare cifre astronomiche. Questo comportamento è imprudente perché rende l'investitore esposto all'andamento di pochi titoli.

È impossibile sapere come andranno i titoli in futuro, per questo è conveniente un'adeguata diversificazione: a mio parere, gli esperti dovrebbero avere in portafoglio almeno dieci titoli, gli altri almeno venti. In questo modo, anche se ne risentirà la performance, si riduce il rischio di compiere l'acquisto di un titolo perdente compromettendo l'intero capitale. È inoltre fondamentale, oltre a diversificare in vari titoli, acquistare società operanti in diversi settori (tecnologia, farmaceutici, materie prime, biotecnologie, servizi) e di vari paesi.

Altro errore tipico è quello di eseguire molte operazioni e spendere tanto denaro per commissioni che vanno solo ad arricchire le banche, per questo è molto utile stabilire in anticipo quando si decide di vendere un titolo. È bene evitare l'acquisto di azioni se si è in procinto di acquistare beni mobili o immobili, al fine di non dover essere obbligati a vendere determinati titoli.

Per investire in azioni bisogna avere di fronte a sé un orizzonte temporale lungo, in modo da dare tempo ai titoli di prosperare. Questo ragionamento vale ovviamente per gli investitori ma non per lo scalper o il day trader, la cui tecnica consiste nell'approfittare di basse oscillazioni di prezzo per poter portare a casa piccoli profitti.

Descriviamo ora alcune regole molto utili da rispettare:

- prendi nota su un quaderno di tutte le operazioni che si eseguiranno in borsa, segnalando la data di acquisto, la vendita, il numero di titoli acquistati, il controvalore ed eventuali promemoria rilevanti riguardo alla compravendita;

- non essere mai irrequieto in borsa. Se non sei arrivato ad acquistare un titolo, lascia correre, sicuramente ci saranno altre opportunità di acquisto. Mai innamorarsi di un titolo;
- nel momento in cui esamini i grafici, stai molto attento a non cadere nella trappola che induce a pensare che il passato rispecchi il futuro. Se un titolo quotava trenta e ora vale quindici non è detto che ritornerà a quei valori. Bisogna esaminare in dettaglio i dati della società;
- non tutte le operazioni che realizzerai si concluderanno in guadagno, l'importante è che il rendiconto conclusivo sia positivo;
- non investire unicamente perché hai scoperto su internet o su un giornale che uno specifico titolo guadagnerà in borsa. Investi solamente se ci sono valide informazioni;
- se il tuo investimento è di lungo termine, evita di fare *trading*, potresti pentirtene;
- quando investi su un determinato titolo, esamina sempre di quale settore fa parte, a quale attività fa riferimento e se ci sono comunicati sfavorevoli;
- rispetta le regole d'investimento che hai stabilito a priori;

- se non sei in completa forma, o sei addirittura malato, concediti una pausa, potresti realizzare compravendite perdenti;
- non acquistare nel momento in cui sono rilasciati i dati trimestrali o prima di eventi quali elezioni, BCE, FED ecc.;
- non investire mai su società con capitalizzazione notevolmente bassa, potresti non riuscire a liquidare le tue quote;
- investi in azioni soltanto denaro che non ti serve per almeno cinque anni e rimani in attesa che le tue azioni si sviluppino nel tempo, non tormentarti se un titolo appena venduto persiste a salire.

SEGRETO n. 5: ogni volta che un investitore deve realizzare una compravendita, dovrebbe fissare l'orizzonte temporale sul quale intende investire e rispettare le regole d'investimento prestabilite.

Sei un trader part-time o un investitore?

Può sembrare una domanda insolita, ma è una distinzione importante per non rischiare di perdere in borsa. L'investitore è chi acquista società con l'intento di conservare le azioni per un lungo periodo, mentre un trader part-time è chi acquista società ma può disfarsene in qualunque momento. Quando l'investitore sfrutta il tempo occorrente per fare un'analisi approfondita di una società e quindi decide di acquistarla, è per il semplice presupposto che ne ha capito il potenziale di crescita a lungo termine. Comprende di cosa si occupa l'azienda, la sua collocazione nel mercato, e se ci saranno alterazioni che avranno un impatto sul prezzo a lungo termine delle azioni.

Il trader part-time, invece, ha un piano di fuga per contrastare le azioni che possano perdere oltre un certo confine.

Nessuna delle due figure è migliore dell'altra, il problema sorge quando da investitore di lungo termine si diventa trader part-time o viceversa.

RIEPILOGO DEL GIORNO 1:

- SEGRETO n. 1: la borsa è il mercato regolamentato dove vengono scambiate le azioni; acquistandole si diventa soci della società, acquisendone i rischi e i relativi guadagni.
- SEGRETO n. 2: per acquistare o vendere azioni occorre un intermediario abilitato che consente di effettuare operazioni adatte alle vostre esigenze.
- SEGRETO n. 3: l'investitore deve terminare un'operazione solo se ha ben compreso il grado di esposizione al rischio, tra cui la variabilità del prezzo, la liquidità, la divisa di riferimento e altri rischi generali.
- SEGRETO n. 4: esistono due modi per effettuare l'ordine diretto in borsa, denominati ordine al meglio e ordine limitato.
- SEGRETO n. 5: ogni volta che un investitore deve realizzare una compravendita, dovrebbe fissare l'orizzonte temporale sul quale intende investire e rispettare le regole d'investimento prestabilite.

GIORNO 2:
Come valutare altre alternative d'investimento

Come investire con altre forme d'investimento

In alternativa all'investimento diretto in azioni è possibile prendere in considerazione altre forme d'investimento. Esamineremo in questo capitolo gli ETF e i fondi comuni d'investimento.

Come gli ETF possono essere una valida alternativa

La sigla ETF significa *Exchange-Traded Fund.* Sono a tutti gli effetti dei fondi d'investimento le cui quote sono negoziate in borsa come una regolare azione e assicurano gli stessi rendimenti dell'indice *benchmark* di riferimento.

Sono comparsi per la prima volta negli Stati Uniti nel 1992, e nei primi anni esistevano solamente 30 ETF negoziati sul mercato USA. Ora sono divenuti uno dei prodotti finanziari maggiormente impiegati.

Ci consentono, in modo immediato, di prendere posizione su un indice (globale, regionale, settoriale) per mezzo di un'unica operazione di compravendita. Analogamente ai fondi comuni, gli ETF rappresentano una quota di proprietà in un portafoglio sottostante di titoli, ma la differenza è che i singoli investitori non acquistano quote del fondo ma quote di ETF come se fossero azioni negoziate in borsa. I maggiori utilizzatori degli ETF fino a qualche anno fa erano gli investitori istituzionali, ma ora anche gli investitori privati possono avere accesso a tali titoli con maggiore semplicità.

SEGRETO n. 6: gli ETF sono negoziati in borsa come una regolare azione e consentono, in modo immediato, di prendere posizione su un indice.

L'ETF può essere impiegato sia per operazioni di trading intraday, sia come investimento di medio e lungo termine, anche con modalità short. Tutti gli ETF replicano indici, di conseguenza il rendimento riproduce la performance dell'indice di riferimento, al lordo di commissioni e spese.

I primi ETF si basavano su indici di riferimento maggiormente impiegati, quali il Dow Jones e il Nasdaq, ora invece gli investitori sono in grado di investire a basso costo in un portafoglio di titoli diversificato di società americane ed europee o di settori particolari quali quello di energia, materie prime, oro, farmaceutici o biotecnologie.

Gli ETF presentano i vantaggi di non avere nessuna commissione sia di entrata sia di uscita, ma solo una commissione di gestione annua molto bassa, e di consentire il raggiungimento di un rendimento pari a quello del benchmark di riferimento.

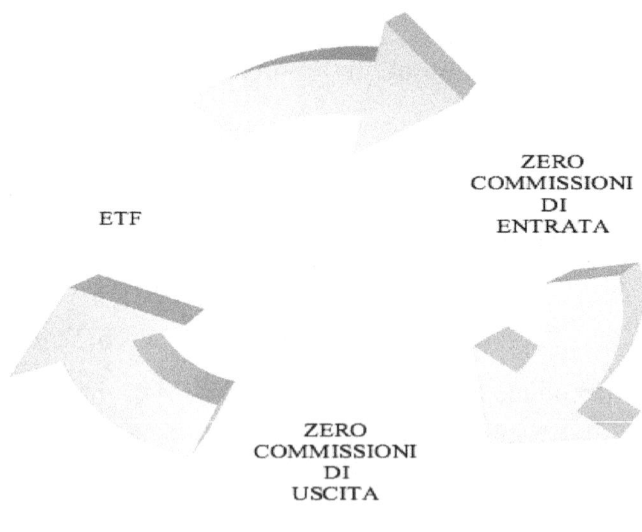

Come per le azioni, si paga solo la commissione di negoziazione alla propria banca e i capitali raccolti sono sistematicamente investiti in un portafoglio di azioni che, per tipologia e quantità dei titoli, replica il benchmark.

L'ETF, al contrario di alcuni strumenti analoghi, riconosce agli investitori i dividendi percepiti a fronte delle azioni possedute in portafoglio, e gli introiti del loro reinvestimento. È negoziato in continuazione durante la giornata e può essere acquistato e venduto come un'azione anche con somme limitate. In questo caso sarebbe appropriato valutare in anticipo l'incidenza delle commissioni di negoziazione, soprattutto nel caso in cui il proprio broker applichi commissioni fisse. Può essere venduto allo scoperto in caso di ribasso, ma molte società d'intermediazione non consentono agli investitori di compiere tale operazione sistematicamente.

SEGRETO n. 7: tutti gli ETF replicano gli indici di riferimento e riconoscono agli investitori i dividendi delle azioni detenute in portafoglio.

In conclusione, gli ETF rappresentano un ottimo strumento per assumere un'esposizione diversificata su un'ampia gamma di mercati, concentrando il rischio su vari investimenti. Nel momento in cui s'investe, è importante esaminare attentamente il proprio profilo d'investimento in base al rischio e all'orizzonte temporale, ma anche afferrare bene quali sono gli obiettivi, i fattori di rischio e le spese.

Vantaggi e svantaggi dei fondi comuni d'investimento

I fondi comuni d'investimento rappresentano una sorta di salvadanaio collettivo, un patrimonio composto con il denaro di tutti quelli che liberamente vi aderiscono. A questi, la società incaricata di amministrare il patrimonio del fondo riconosce un determinato numero di quote corrispondente all'investimento effettuato, il cui valore cambia ogni giorno secondo il prezzo dei titoli che compongono il portafoglio del fondo stesso.

L'obiettivo della società è adoperare i capitali dei sottoscrittori e farli rendere in maniera eccellente nell'interesse di tutti i partecipanti. Essa opera sotto la sorveglianza della Banca d'Italia e della Consob.

I fondi comuni d'investimento si distinguono in fondi aperti e fondi chiusi.

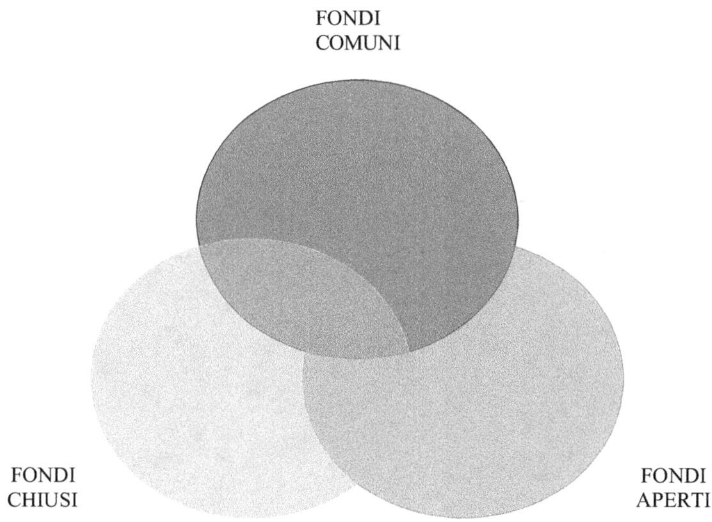

Nei fondi aperti i partecipanti hanno la facoltà di chiedere il rimborso delle quote in ogni momento, nel senso che non esiste realmente una scadenza per l'investimento, ma si può entrare e uscire liberamente.

Al contrario, nei fondi chiusi, non molto impiegati, i partecipanti hanno diritto al rimborso delle quote solo a scadenze prefissate.

I fondi aperti possono suddividersi in:

- fondi azionari;
- fondi bilanciati;
- fondi obbligazionari;
- fondi monetari.

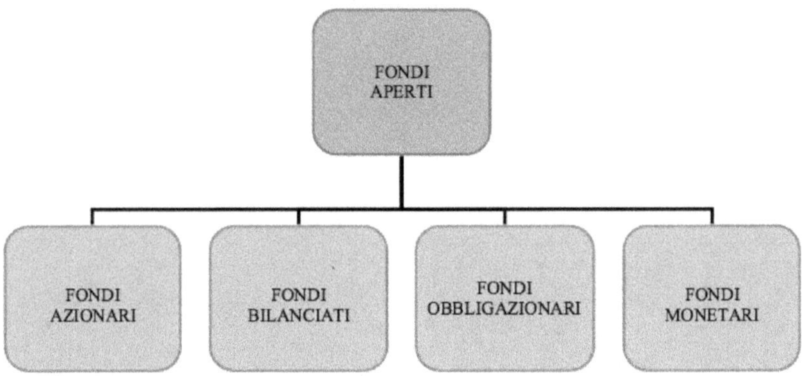

I fondi azionari investono prevalentemente in titoli azionari. La strategia d'investimento è di conseguenza rivolta al compimento di elevate plusvalenze patrimoniali nel lungo periodo. Si tratta quindi di un investimento che non dà rendimenti certi, ma può consentire nel lungo periodo aumenti di valore del capitale conferito.

SEGRETO n. 8: i fondi comuni d'investimento rappresentano una sorta di salvadanaio collettivo composto dal patrimonio di tutti i sottoscrittori.

I fondi bilanciati investono in parte in titoli azionari e in parte in titoli obbligazionari e rappresentano una mediazione tra i fondi azionari e quelli obbligazionari.

I fondi obbligazionari investono in maggioranza in titoli di Stato o garantiti dallo Stato, titoli obbligazionari e strumenti del mercato monetario.

I fondi monetari investono in titoli di mercato monetario come BOT (Buoni Ordinari del Tesoro), CCT (Certificati di Credito del Tesoro), titoli di Stato o obbligazioni con durata residua al momento dell'acquisto non superiore a dodici mesi.

Il vantaggio dei fondi comuni d'investimento è che essi consentono al risparmiatore, che non ha il tempo o le conoscenze per valutare stabilmente l'andamento dei mercati economici, di poter ottenere le migliori opportunità che questi propongono. I fondi offrono una gestione professionale del risparmio, ma non possono garantire risultati certi.

Il loro andamento è suggestionato da quello dei mercati finanziari e la capacità del gestore del fondo consiste nel riuscire a raggiungere il massimo profitto quando le condizioni del mercato lo consentono e nel ridurre al minimo le perdite nei tempi difficili. Questo è possibile grazie non solo alla professionalità dei gestori, ma anche alla diversificazione del portafoglio.

È preferibile tenersi lontano dai fondi che si fanno remunerare, al momento della sottoscrizione, con una commissione di entrata, che può essere fissa o corrispondente all'investimento realizzato, o prevedono una commissione di uscita, che è applicata generalmente se il sottoscrittore esige il rimborso prima di un certo intervallo dalla data d'inizio dell'investimento.

Più opportuno preferire i fondi che non applicano commissioni né di entrata né di uscita e sono definiti no load.

È da rilevare che investire in un fondo comune non comporta nessun obbligo fiscale a carico del risparmiatore: il possesso di quote non deve essere incluso nella dichiarazione dei redditi, né sono tassate le plusvalenze realizzate. Questo non significa che i fondi siano fiscalmente esenti: sul risultato della gestione conseguito dal fondo di anno in anno è infatti applicata un'imposta sostitutiva del 12,5%, che però è assolta direttamente dalla società di gestione.

In conclusione, elenchiamo di seguito i vantaggi dei fondi:

- consentono anche a chi non ha enormi somme di denaro di assicurarsi i benefici di una gestione professionale e permanente del capitale investito;
- eseguono il frazionamento del rischio, per mezzo della diversificazione dei titoli in portafoglio;
- vi si può aderire anche sottoscrivendo piani di versamento rateali (PAC), che presumono rate anche di soli 100 € (in questo modo, con piccoli versamenti, si può accumulare un

capitale nel corso degli anni);

- è possibile investire i propri risparmi in tutto il mondo con qualsiasi genere di titoli (nel caso dei titoli esteri, in particolare, affidarsi alla gestione professionale di un fondo comune consente di limitare le spese conseguenti dalle distinte operazioni di investimento);
- la diffusione quotidiana sui giornali delle quotazioni dei fondi consente ai risparmiatori di avere costantemente sotto controllo il loro investimento e di conoscere quando e in che misura stanno guadagnando o perdendo;
- offrono l'opportunità di disinvestire in qualsiasi momento e in tempi celeri la totalità o una parte delle quote di proprietà.

SEGRETO n. 9: i fondi offrono una gestione professionale del risparmio, ma non possono garantire risultati certi; è meglio evitare le società che applicano commissioni di entrata o di uscita.

Come recuperare le minusvalenze e ottenere vantaggi fiscali

Per i dividendi italiani dal 2004 è stato abrogato il credito d'imposta, con cui il socio (che dichiarava i dividendi con l'Unico o il 730) recuperava le imposte pagate dalla società. Questo recupero agevolava gli investitori con redditi medio/bassi che subivano un minor carico fiscale rispetto all'amministrato (la ritenuta alla fonte del 12,5%).

Anche per i dividendi esteri è scomparsa la possibilità di recuperare in sede di dichiarazione dei redditi le imposte pagate all'estero, ma solo se derivano da partecipazioni non qualificate e se percepiti da persone fisiche non imprenditori.

Con la nuova riforma per le persone fisiche non imprenditori, sia i dividendi italiani che esteri subiscono la ritenuta secca del 12,5% all'atto della distribuzione e il socio non ha altri obblighi verso il fisco.

Nel caso dei dividendi italiani, per molte persone non cambia nulla, perché il ricorso all'amministrato era preferito dalla maggior parte degli investitori per la sua semplicità e poiché evitava il fastidio di doversi ricordare dei dividendi al momento della presentazione della dichiarazione dei redditi. Una rivoluzione che riguarda tutti è invece la tassazione dei dividendi esteri da partecipazioni non qualificate, che non vanno più dichiarati.

Diversa è invece la tassazione per le persone fisiche imprenditori. I dividendi italiani e esteri vanno sempre dichiarati, se realizzati nell'esercizio della propria attività. In entrambi i casi, la base imponibile è solo il 40% del dividendo distribuito. Sui dividendi esteri è applicata una ritenuta d'acconto del 12,5%.

In base alle aliquote IRPEF oggi in vigore, il nuovo sistema di tassazione dei dividendi comporta un maggior carico fiscale, decrescente al crescere del reddito imponibile. Negli anni passati, per la tassazione dei dividendi la dichiarazione era la soluzione più conveniente nella maggior parte dei casi. Ora non ci sono più scelte: la tassazione alla fonte è obbligatoria.

Le minusvalenze (ovvero le perdite) si deducono in quattro anni dalla compravendita. I quattro anni devono essere calcolati considerando l'anno di realizzazione dei redditi (per esempio, una minusvalenza realizzata ad agosto 2007 si potrà compensare fino alla fine del 2011). In caso di una moltitudine di minusvalenze, si procede con la compensazione partendo da quella realizzata prima nel tempo, e proseguendo con le successive. La minusvalenza può essere compensata con future plusvalenze, anche se realizzate su titoli azionari. Non si può invece compensarla con i dividendi, trattandosi di due diverse tipologie di redditi da capitale, tassati separatamente. Questo per i singoli risparmiatori, mentre i fondi comuni possono invece compensare.

In alcuni casi, visto il vantaggio fiscale che si perderebbe facendo scadere la minusvalenza, potrebbe essere conveniente vendere le azioni in possesso, realizzare la plusvalenza, compensarla con la minusvalenza in scadenza e pagare le imposte solo sulla differenza; in questo modo si potrebbe riacquistarle subito dopo la vendita a un prezzo che, salvo situazioni di improvviso rialzo di borsa, non dovrebbe discostarsi di molto da quello di vendita. Da considerare che, con l'operazione di compravendita, si sosterrebbero dei costi (commissioni e spese fisse) sia per l'acquisto sia per la vendita.

Pertanto, prima di procedere, si consiglia di fare alcuni calcoli: se la differenza fra la somma spesa per l'acquisto (comprensiva di spese e commissioni) e la somma incassata con la vendita (al netto di spese e commissioni) è conveniente, lasciare scadere la minusvalenza, in caso contrario è meglio compensare.

Ovviamente, tutto dipende dal regime di tassazione scelto. Se si è preferito il regime ordinario della dichiarazione, si dovranno assolvere i doveri nei confronti del fisco denunciando la differenza ricavo/costo scaturente dalla compravendita col modello Unico del prossimo anno. Per determinare tale differenza, il metodo da applicare è quello del LIFO, che consiste nel contrapporre al ricavo netto di vendita il costo complessivo degli ultimi titoli acquistati. Se invece si è scelto il regime amministrato, non si dovrà fare nulla. Sarà il proprio intermediario a calcolare la plusvalenza e a liquidare l'imposta a suo carico.

SEGRETO n. 10: con la nuova riforma le persone fisiche non imprenditori subiscono la ritenuta secca del 12,5% all'atto della distribuzione del dividendo e il socio non ha altri obblighi verso il fisco. Le minusvalenze si deducono in quattro anni dalla compravendita.

Se non consideriamo il valore finanziario del tempo, i due metodi sono equivalenti in termini di carico fiscale complessivo. Rinviare il più possibile il momento del pagamento delle imposte permette di tenere in tasca per più tempo i soldi che, se investiti, possono generare un guadagno.

La scelta del regime (dichiarazione o amministrato) deve essere fatta all'inizio dell'anno. La scelta, da comunicare per iscritto alla banca o altro intermediario, una volta fatta vale, per ciascun intermediario, per tutto l'anno e può essere modificata, sempre per iscritto, nel successivo periodo d'imposta.

RIEPILOGO DEL GIORNO 2:

- SEGRETO n. 6: gli ETF sono negoziati in borsa come una regolare azione e consentono, in modo immediato, di prendere posizione su un indice.
- SEGRETO n. 7: tutti gli ETF replicano gli indici di riferimento e riconoscono agli investitori i dividendi delle azioni detenute in portafoglio.
- SEGRETO n. 8: i fondi comuni d'investimento rappresentano una sorta di salvadanaio collettivo composto dal patrimonio di tutti i sottoscrittori.
- SEGRETO n. 9: i fondi offrono una gestione professionale del risparmio, ma non possono garantire risultati certi; è meglio evitare le società che applicano commissioni di entrata o di uscita.
- SEGRETO n. 10: con la nuova riforma le persone fisiche non imprenditori subiscono la ritenuta secca del 12,5% all'atto della distribuzione del dividendo e il socio non ha altri obblighi verso il fisco. Le minusvalenze si deducono in quattro anni dalla compravendita.

GIORNO 3:
Come i grandi investitori ci aiutano a guadagnare

Uno dei campioni dell'investimento momentum

In questo capitolo voglio mostrarvi come operano alcuni dei grandi investitori, per carpire informazioni che potrebbero aiutarci a investire in modo migliore. Tra loro ce n'è uno che acquista azioni che salgono velocemente di prezzo, in modo tale che questo attira altri investitori (*momentum*): il suo nome è Richard Driehaus.

Come ci spiega nel libro *Investment gurus* (Prentice Hall Press, New York, 1997), spesso le opportunità d'investimento davvero interessanti non sono evidenti alla maggior parte delle persone. Per Driehaus, infatti, il prezzo di un titolo non equivale al valore di un'azienda. Il prezzo delle azioni è influenzato soprattutto dalle emozioni degli investitori e dalle dinamiche di mercato. Anche se il valore di una società talvolta sembra giusto, bisogna comunque valutare per quanto tempo si compie l'investimento.

La maggior parte degli investitori compra un titolo quando è sceso di parecchio e lo vende appena ha ottenuto un guadagno, mentre per Driehaus si ottengono più soldi quando il titolo sale e ha una forza relativa maggiore per ottenere nuovi massimi. (Per forza relativa si intende l'andamento di una società riguardo a un certo indice di riferimento, che di solito è rappresentato da un indice di settore o di mercato. Se questo valore è positivo, l'azione ha avuto un rendimento superiore dell'indice.)

Ovviamente, c'è il rischio di comprare proprio quando il titolo è sui massimi, ma secondo lui è sempre meglio che investire in un titolo che sta precipitando e che molto probabilmente continuerà a farlo.

SEGRETO n. 11: le regole d'investimento definite a priori vanno sempre rispettate, evitate di prendere decisioni affrettate.

Un altro sbaglio che gli investitori fanno è acquistare titoli di società cosiddette "buone" e tenerli nel cassetto. Anche se di norma le società continueranno a guadagnare, è necessario comunque porre attenzione al modo in cui l'azienda si sta comportando e, se ci saranno cambiamenti sfavorevoli, bisogna uscire dal titolo vendendo le proprie azioni.

Driehaus ricorda che le cose cambiano sempre e una buona società di oggi non è detto che lo sia in futuro. In definitiva, compra un titolo e lo tiene in portafoglio fino a quando non si modifica il contesto di mercato, nel settore di riferimento o nei fondamentali della società.

Un'altra misura del rischio usata da Driehaus è la deviazione standard. Con questo parametro che indica la volatilità si può misurare solo il rischio a breve termine e non gli obiettivi a lungo termine. Infatti, per Driehaus, le società che hanno una volatilità minima a breve termine sono più rischiose a lungo termine.

Driehaus focalizza l'attenzione su imprese a bassa capitalizzazione con forte crescita degli utili e su eventi che possano favorire oscillazioni di un titolo, come ad esempio gli annunci sugli utili. Si è dimostrato che le azioni a bassa capitalizzazione nel lungo periodo danno risultati migliori delle aziende a capitalizzazione elevata. In genere, le aziende a piccola capitalizzazione sono quelle che hanno dai 50 milioni a 1 miliardo di dollari di capitalizzazione, mentre quelle a media capitalizzazione non superano i 3 miliardi di dollari di capitalizzazione. È bene ricordare che, investendo in aziende con bassa capitalizzazione, si corre il rischio di non riuscire a vendere in giornata al prezzo stabilito a causa di pochi scambi giornalieri.

Guadagnare a lungo termine con William O'Neill

Il metodo di William O'Neill si pone a metà strada fra investimento value e growth e analizza contemporaneamente sia fattori tecnici (pattern di prezzo) che fondamentali, anche se è orientato verso la crescita a lungo termine dei mercati azionari.

William O'Neill ha scoperto una strategia denominata CANSLIM, acronimo dei sette fattori necessari per scovare azioni vincenti. Questo metodo viene descritto nel suo libro *How to make money in stocks - a winning system in good times or bad* (McGraw-Hill, New York, 2009).

Questi sono i sette requisiti della strategia CANSLIM:

C: *Current Quarterly Earnings Share*;

A: *Annual Earnings Increase*;

N: *New Products New Management*;

S: *Supply and Demand*;

L: *Leader or Laggard*;

I: *Institutional Sponsorship*;

M: *Market direction.*

C: Crescita degli utili

O'Neill vuole nel suo portafoglio titoli con grande aumento degli utili trimestrali per azione rispetto al trimestre dell'anno precedente. Di solito, è orientato verso titoli a bassa capitalizzazione perché sono questi che contribuiscono a creare nuovi prodotti.

O'Neill consiglia di scegliere azioni con un aumento minimo negli utili trimestrali di circa il 20% rispetto allo stesso trimestre dell'anno precedente.

A: Crescita della retribuzione annua

La retribuzione annua deve crescere almeno del 25%.

N: Nuovi massimi

Le azioni devono avere nuovi massimi preferibilmente dopo l'uscita di un pattern grafico di consolidamento e devono avere prospettive di crescita dei volumi.

S: Domanda e offerta

Il prezzo di un'azione riflette la domanda e l'offerta. In breve, se la domanda supera l'offerta, il prezzo si muove in alto e viceversa. Di conseguenza, O'Neill cerca titoli con una quantità limitata di azioni in circolazione (uguale o minore di 25 milioni di azioni), in modo che in caso di buona notizia le azioni siano insufficienti a soddisfare la domanda, spingendo il prezzo delle azioni alle stelle.

Per fare questo bisogna determinare il vero numero di azioni nelle mani del pubblico che è dato dal numero totale di azioni dell'azienda in circolazione cui bisogna sottrarre le azioni possedute dal management.

L: Leader nel settore

O'Neill cerca titoli leader di un settore, e per fare ciò ne misura le prestazioni utilizzando la forza relativa. Per forza relativa si intende l'andamento di una società in relazione a un certo indice di riferimento che di solito è rappresentato da un indice di settore o di mercato. Se questo valore è positivo, l'azione ha avuto un rendimento superiore dell'indice.

I: Proprietà istituzionale

O'Neill vuole che le proprietà istituzionali (fondi comuni d'investimento, fondi pensioni o compagnie d'assicurazione) inseriscano quel determinato titolo nel loro portafoglio. Per soddisfare questo requisito usa dei parametri che vanno dal 5% al 35% come limite alla percentuale di proprietà delle istituzioni.

M: Direzione del mercato

O'Neill sconsiglia l'applicazione della strategia CANSLIM in un mercato debole, in presenza di trend negativo.

SEGRETO n. 12: valuta attentamente le tue esigenze economiche e investi in borsa soltanto soldi che non ti serviranno almeno per i prossimi cinque anni.

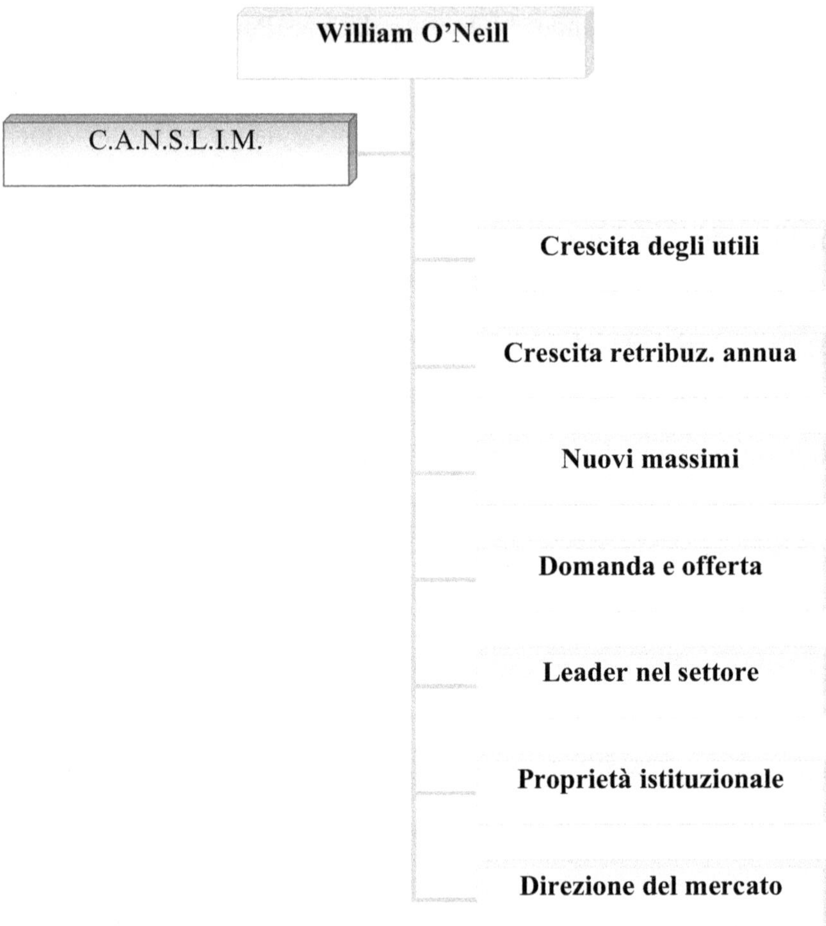

In conclusione, O'Neill non è il tipico investitore calmo, in cerca di titoli sottovalutati dal mercato e desideroso di attendere che il mercato assecondi le sue preferenze. Preferisce invece ricercare società in celere crescita e leader di mercato in settori in espansione. Tra questi titoli esegue una nuova analisi per scegliere solo le società veramente straordinarie.

Individuare le "super-azioni": la tecnica di Kenneth Fisher

Tra i numerosi libri scritti dal grande investitore Kenneth Fisher, vi ricordo *Super stocks the book that's changing the way Investors think* (McGraw-Hill, New York, 1984) e *100 mind that made the market* (Wiley India Pvt. Ltd., Bangalore, 2009).

Fisher è fondatore e amministratore delegato di una società di consulenza d'investimento californiana, e gestisce miliardi di dollari a livello globale. La sua prima società, fondata nel 1979, fu una delle prime a offrire un vero valore alle *small cap*.

Per Fisher, il nemico più grande è il proprio cervello. Un buon modo per investire con successo è non commettere errori. Per lui investire è una scienza, non un lavoro.

Kenneth Fisher cerca di individuare le aziende che si trovano in un periodo di "transizione", ovvero in una fase in cui non sono più competitive a causa della diminuzione delle vendite del proprio prodotto, e cercano di scoprire nuovi prodotti da immettere sul mercato.

Fisher investe proprio in quello spazio di tempo in cui la società sta perdendo valore, ma molto probabilmente lo riacquisterà in futuro per il nuovo prodotto che sta per essere lanciato.

Per continuare l'analisi, Fisher utilizza un parametro molto semplice, che si chiama prezzo/fatturato (price/sales ratio).

Price/sales ratio =
capitalizzazione di mercato/vendite totali

Con questo parametro, che deve essere necessariamente basso (sotto l'1,5), si individuano quelle società consigliate da Fischer, che tuttavia devono anche trovarsi, come abbiamo detto, in un ciclo produttivo di "transizione" e avere in programma lo studio di nuovi prodotti o tecnologie. Le super-azioni da individuare devono avere le seguenti proprietà:

- indirizzate alla crescita: l'azienda deve sviluppare nuovi prodotti e idee che, partendo da una posizione svantaggiata, portino la società a realizzare nuovi profitti;
- eccellenza nelle strategie di vendita: l'azienda deve curare i propri clienti in maniera eccellente, che si tratti di prodotti tecnologici o di settori tradizionali, e deve soddisfare qualsiasi richiesta;
- personale interno creativo: il management dell'azienda deve essere creativo e dare origine a un senso di gruppo;
- controllo finanziario eccellente: la società deve essere controllata da personale responsabile e affidabile e deve disporre di attrezzature e strumenti innovativi.

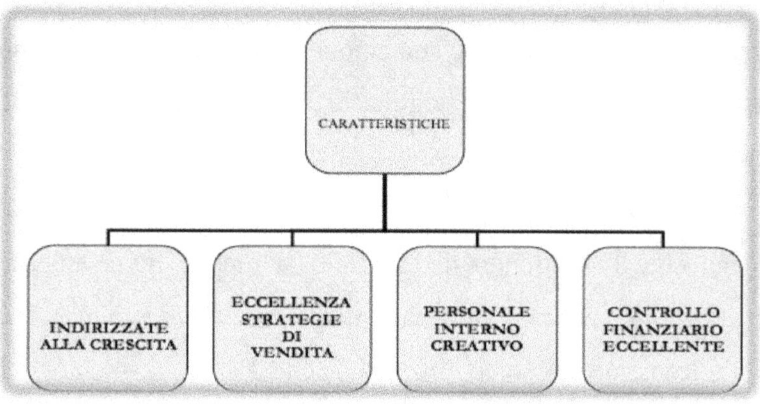

SEGRETO n. 13: Kenneth Fisher cerca di individuare quelle società che sono in un periodo di "transizione" e hanno in programma lo studio di nuovi prodotti o tecnologie.

Scegliere titoli trascurati dal mercato ma di buona qualità

Altro investitore di grande successo è Geraldine Weiss. Con i due libri *Dividends don't lie - Finding Value in BlueChip Stocks* (Longman Financial Service, Chicago, 1990) e *The dividend connection - How Dividends Create Value in the Stock Market* (Dearborn Trade Pub, Chicago, 1995), Weiss ci spiega che il concetto di dividendo è una caratteristica fondamentale del valore azionario.

Geraldine Weiss è stata la prima donna a pubblicare con successo una *newsletter* finanziaria. Le sue azioni si basavano inizialmente sull'astrologia, anche se in seguito è diventata famosa per le strategie d'investimento.

Ci spiega che il dividendo di un titolo si muove inversamente rispetto al suo prezzo. Infatti, quando il *dividend yield* è caratteristicamente basso, è limitato anche l'apprezzamento del titolo, salvo che ci sia l'aumento da parte della società del dividendo. Ovviamente, sono da eliminare quelle aziende con incertezze finanziarie o di scarsa qualità.

Attraverso il pagamento dei dividendi, l'investitore ottiene una fonte sicura per una rendita stabile e crescente soprattutto durante i mercati orso.

Seguendo i consigli di Graham, altro grande investitore di cui parleremo in seguito, Geraldine ha capito che il vero valore di una società è dato dai dividendi.

A differenza di altri parametri che possono essere pilotati, i dividendi, infatti, sono da considerare "vero valore" perché sono soldi che l'investitore riceve realmente. Per Geraldine Weiss, i dividendi sono il segno distintivo di una "Blue chip"; se una società non paga dividendi, è solo speculazione.

Per rientrare nel suo sistema d'investimento, le azioni devono però soddisfare i seguenti criteri:

- il dividendo deve essere stato aumentato di cinque volte negli ultimi dodici anni;
- la società deve essere di qualità;
- la società deve avere almeno cinque milioni di azioni in circolazione;
- almeno 80 investitori istituzionali devono detenere le sue azioni;
- la società deve avere distribuito dividendi per almeno venticinque anni;
- le entrate devono essere migliorate in almeno sette degli ultimi dodici anni.

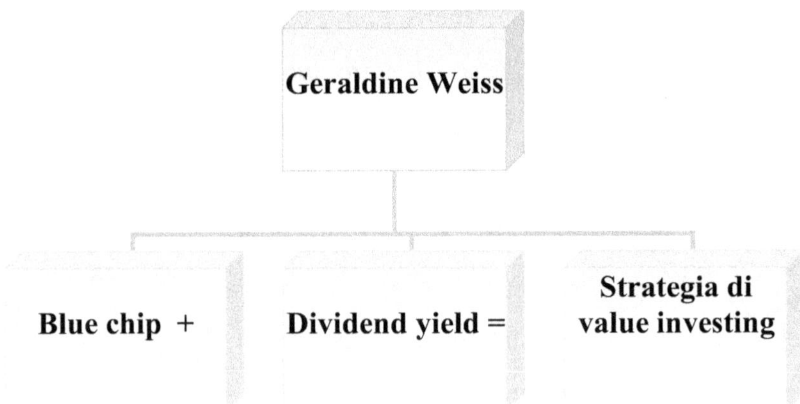

Tra tutte le società selezionate occorre, secondo la Weiss, eseguire un ulteriore screener con altri criteri più specifici, e invito chi fosse interessato a leggere i suoi libri.

Battere il mercato con il metodo di Peter Lynch

Altro grande investitore è Peter Lynch, un gestore di fondi comuni di investimento di grande successo nonché autore del libro *One up on Wall Street - How To Use What You Already Know To Make Money In The Market* (Simon & Schuster, New York, 2000). Lynch è fermamente convinto che gli investitori individuali hanno un netto vantaggio rispetto ai grandi gestori, e si può tranquillamente battere il mercato usando il suo metodo.

La scelta dei titoli da acquistare si basa sulle prospettive di crescita dell'impresa. Inoltre, tende a favorire le piccole imprese in rapida crescita con un prezzo ragionevole e a scegliere quelle società che lui chiama "familiari", nel senso che se ne conoscono l'attività e l'ambiente in cui investono e che sono facili da capire.

Lynch non si concentra esclusivamente sulle piccole imprese; nella sua lista rientrano anche grandi società che sono ancora in grado di crescere a ritmi di almeno il 10% l'anno e che spesso offrono grandi dividendi. Queste imprese, infatti, offrono una grande protezione durante le fasi di ribasso o addirittura di recessione.

I principi fondamentali su cui si basa il suo investimento sono:

- acquistare solo titoli di cui sia chiaro il settore di appartenenza e la filosofia di investimento;
- cercare di acquistare società buone e spendere il tempo necessario per cercare imprese eccezionali;
- i prezzi delle azioni seguiranno nel lungo termine la crescita degli utili. Molte persone si concentrano troppo sul prezzo: meglio prendere in considerazione la crescita degli utili;
- aspettare che l'investimento abbia successo ignorando nel frattempo le preoccupazioni che le persone hanno nel mondo;
- essere paziente nel lungo termine porta a grandi risultati;
- vendere un'azione quando i suoi fondamentali sono cambiati;
- diversificare con vari titoli.

Come acquistare con un "margine di sicurezza"

Uno tra gli investitori più conosciuti è sicuramente Benjamin

Graham, famoso per essere il padre del Value Investing nonché insegnante di Warren Buffett alla Columbia University. Il metodo di Benjamin Graham, descritto nel suo libro *The Intelligent Investor* (Collins Business, New York, 2003), si basa su due elementi principali:

- l'acquisto di un titolo deve essere eseguito con un margine di sicurezza, che si ha quando il prezzo di mercato è inferiore al valore reale della società o valore intrinseco;
- la vendita deve essere fatta quando il prezzo di mercato raggiunge il valore intrinseco.

Questo metodo è stato inventato nel 1934, e ancora oggi sembra funzionare. I prezzi delle azioni nel lungo termine tendono a ritornare verso il loro valore reale, mentre nel breve e medio termine i prezzi tendono a essere al di sopra oppure al di sotto di questo valore. Questa differenza tra il valore di mercato e il valore reale del business è detta "margine di sicurezza".

Il margine di sicurezza protegge gli investimenti contro una perdita permanente di capitale; di norma un valore sotto il 40% del valore reale è l'investimento giusto.

SEGRETO n. 14: Benjamin Graham acquista solo azioni con un "margine di sicurezza", in cui il prezzo di mercato è inferiore al valore reale della società o valore intrinseco.

Benjamin Graham con questo metodo ha cercato sempre di acquistare azioni che sono state sottovalutate e di vendere quando hanno raggiunto il loro valore reale. Vi invito a leggere anche il libro *Guadagnare in borsa con il metodo di Benjamin Graham* (experta, 2002).

Come guadagnare con il numero uno degli investimenti

Uno degli allievi di Graham è noto con il nome di Warren Buffett. Attraverso i suoi consigli ha tratto dai suoi investimenti un ritorno di circa il 22% medio annuo negli ultimi 40 anni.

Warren Buffett è il più grande investitore di tutti i tempi, uno degli uomini più ricchi del mondo e l'unico a essersi dedicato esclusivamente agli investimenti azionari. Buffett cerca titoli sottovalutati da comprare e tenere in portafoglio per tempi molto lunghi. Tra le aziende presenti nella sua società (denominata Berkshire Hathaway) spiccano Coca Cola, Gilette, McDonald's,

Walt Disney, Johnson & Johnson, Kraft Foods, Conocophillips. Tra i titoli, tutti selezionati per il lungo periodo, ce ne sono alcuni denominati permanent holdings, che si prevede di mantenere in portafoglio addirittura per sempre.

Per scegliere l'azienda da acquistare, Buffett analizza la qualità del management, il bilancio, le prospettive future e il prezzo di acquisto, che deve essere ragionevole in base all'insegnamento di Benjamin Graham, il suo maestro.

Per ridurre il rischio d'investimento, Buffett e Graham fanno una valutazione delle azioni nel lungo periodo e scelgono quelle più convenienti.

Per comprare a prezzi convenienti, si devono attendere periodi di recessione, oppure selezionare azioni che sono sottovalutate. Ovviamente, per comprare in questi periodi bisogna avere la pazienza di aspettare mesi o addirittura anni e, nel momento in cui si verificano, comprare tutte le aziende selezionate precedentemente.

SEGRETO n. 15: Warren Buffett, per effettuare un acquisto, analizza la qualità del management, il bilancio, le prospettive future e il prezzo, che deve essere sottovalutato.

Per approfondire l'argomento, vi invito a leggere il libro in italiano *I segreti di Warren Buffett - Come avere successo negli affari evitando le trappole del mercato* (Lindau, Torino, 2007) e i numerosi altri libri in inglese scritti dal numero uno degli investimenti.

RIEPILOGO DEL GIORNO 3:

- SEGRETO n. 11: le regole d'investimento definite a priori vanno sempre rispettate, evitate di prendere decisioni affrettate.
- SEGRETO n. 12: valuta attentamente le tue esigenze economiche e investi in borsa soltanto soldi che non ti serviranno almeno per i prossimi cinque anni.
- SEGRETO n. 13: Kenneth Fisher cerca di individuare quelle società che sono in un periodo di "transizione" e hanno in programma lo studio di nuovi prodotti o tecnologie.
- SEGRETO n. 14: Benjamin Graham acquista solo azioni con un "margine di sicurezza", in cui il prezzo di mercato è inferiore al valore reale della società o valore intrinseco.
- SEGRETO n. 15: Warren Buffett, per effettuare un acquisto, analizza la qualità del management, il bilancio, le prospettive future e il prezzo, che deve essere sottovalutato.

GIORNO 4:

Come creare un patrimonio con azioni vincenti

Costruirsi un capitale cospicuo partendo da zero

Se vuoi costruire un capitale determinato per una data futura predefinita, partendo da zero, calcoliamo quanto devi risparmiare ogni mese per mettere da parte la cifra stabilita in base al rendimento variabile. Invito a leggere il libro *Costruttore di ricchezza* (Lampi di stampa, Milano, 2008) per approfondire l'argomento. Quanto dovresti risparmiare al mese per mettere da parte un capitale determinato? Esaminiamo insieme diciassette casi d'investimento:

1° caso:

Capitale determinato	:	1.000.000 €
Durata del risparmio	:	20 anni
Rendimento dei risparmi	:	4%
Probabile inflazione	:	2%

Per avere fra vent'anni un capitale di 1.485.947 €, corrispondenti, tenuto conto di un'inflazione del 2% all'anno, a un potere di acquisto attuale di 1.000.000 €, dovrai risparmiare 3413 € al mese. La rendita si evolve insieme all'inflazione. L'ultimo mese dovrai risparmiare fino a 5063 €.

2° caso:

Capitale determinato	:	1.000.000 €
Durata del risparmio	:	20 anni
Rendimento dei risparmi	:	10%
Probabile inflazione	:	2%

Per avere fra vent'anni un capitale di 1.485.947 €, corrispondenti, tenuto conto di un'inflazione del 2% all'anno, a un potere di acquisto attuale di 1.000.000 €, dovrai risparmiare 1789 € al mese. La rendita si evolve insieme all'inflazione. L'ultimo mese dovrai risparmiare fino a 2655 €.

3° caso:

Capitale determinato	:	1.000.000 €
Durata del risparmio	:	20 anni
Rendimento dei risparmi	:	15%
Probabile inflazione	:	2%

Per avere fra vent'anni un capitale di 1.485.947 €, corrispondenti, tenuto conto di un'inflazione del 2% all'anno, a un potere di acquisto attuale di 1.000.000 €, dovrai risparmiare 1003 € al mese. La rendita si evolve insieme all'inflazione. L'ultimo mese dovrai risparmiare fino a 1488 €.

4° caso:

Capitale determinato	:	1.000.000 €
Durata del risparmio	:	20 anni
Rendimento dei risparmi	:	20%
Probabile inflazione	:	2%

Per avere fra vent'anni un capitale di 1.485.947 €, corrispondenti, tenuto conto di un'inflazione del 2% all'anno, a un potere di acquisto attuale di 1.000.000 €, dovrai risparmiare 550 € al mese. La rendita si evolve insieme all'inflazione. L'ultimo mese dovrai risparmiare fino a 816 €.

5° caso:

Capitale determinato	:	1.000.000 €
Durata del risparmio	:	20 anni
Rendimento dei risparmi	:	25%
Probabile inflazione	:	2%

Per avere fra vent'anni un capitale di 1.485.947 €, corrispondenti, tenuto conto di un'inflazione del 2% all'anno, a un potere di acquisto attuale di 1.000.000 €, dovrai risparmiare 298 € al mese. La rendita si evolve insieme all'inflazione. L'ultimo mese dovrai risparmiare fino a 442 €.

Che cosa succede se la durata del risparmio si riduce a dieci anni?

6° caso:

Capitale determinato	:	1.000.000 €
Durata del risparmio	:	10 anni
Rendimento dei risparmi	:	4%
Probabile inflazione	:	2%

Per avere fra dieci anni un capitale di 1.218.994 €, corrispondenti, tenuto conto di un'inflazione del 2% all'anno, a un potere di acquisto attuale di 1.000.000 €, dovrai risparmiare 7557 € al mese. La rendita si evolve insieme all'inflazione. L'ultimo mese dovrai risparmiare fino a 9196 €.

7° caso:

Capitale determinato	:	1.000.000 €
Durata del risparmio	:	10 anni
Rendimento dei risparmi	:	10%
Probabile inflazione	:	2%

Per avere fra dieci anni un capitale di 1.218.994 €, corrispondenti, tenuto conto di un'inflazione del 2% all'anno, a un potere di acquisto attuale di 1.000.000 €, dovrai risparmiare 5597 € al mese. La rendita si evolve insieme all'inflazione. L'ultimo mese dovrai risparmiare fino a 6811 €.

8° caso:

Capitale determinato	:	1.000.000 €
Durata del risparmio	:	10 anni
Rendimento dei risparmi	:	15%
Probabile inflazione	:	2%

Per avere fra dieci anni un capitale di 1.218.994 €, corrispondenti, tenuto conto di un'inflazione del 2% all'anno, a un potere di acquisto attuale di 1.000.000 €, dovrai risparmiare 4333 € al mese. La rendita si evolve insieme all'inflazione. L'ultimo mese dovrai risparmiare fino a 5273 €.

9° caso:

Capitale determinato	:	1.000.000 €
Durata del risparmio	:	10 anni
Rendimento dei risparmi	:	20%
Probabile inflazione	:	2%

Per avere fra dieci anni un capitale di 1.218.994 €, corrispondenti, tenuto conto di un'inflazione del 2% all'anno, a un potere di acquisto attuale di 1.000.000 €, dovrai risparmiare 3343 € al mese. La rendita si evolve insieme all'inflazione. L'ultimo mese dovrai risparmiare fino a 4068 €.

10° caso:

Capitale determinato	:	1.000.000 €
Durata del risparmio	:	10 anni
Rendimento dei risparmi	:	25%
Probabile inflazione	:	2%

Per avere fra dieci anni un capitale di 1.218.994 €, corrispondenti, tenuto conto di un'inflazione del 2% all'anno, a un potere di acquisto attuale di 1.000.000 €, dovrai risparmiare 2574 € al mese. La rendita si evolve insieme all'inflazione. L'ultimo mese dovrai risparmiare fino a 3132 €.

Risparmiare mensilmente per costruire un patrimonio

Se vuoi garantirti una rendita predefinita per una data futura, partendo da zero, devi risparmiare ogni mese una determinata somma. Calcoliamo l'importo mensile che devi mettere da parte per avere una determinata rendita in futuro.

SEGRETO n. 16: per creare un patrimonio bisogna stabilire a priori la durata, il rendimento dei risparmi e il fattore rischio.

11° caso:

Rendita da ottenere	:	2000 €
Durata del risparmio	:	10 anni
Rendimento dei risparmi	:	4%
Durata rendita	:	40 anni
Probabile inflazione	:	2%

Dovrai risparmiare ogni mese 12.597 € per dieci anni per ottenere una rendita mensile di 2438 €. Questa rendita corrisponde, tenuto conto di un'inflazione del 2% l'anno, a un potere di acquisto attuale di 2000 €. Nel calcolo, l'intero capitale sarà convertito in rendita. La rendita si evolve insieme all'inflazione. L'ultimo mese dovrai risparmiare fino a 15.330 €.

12° caso:

Rendita da ottenere	:	2000 €
Durata del risparmio	:	10 anni
Rendimento dei risparmi	:	10%
Durata rendita	:	40 anni
Probabile inflazione	:	2%

Dovrai risparmiare ogni mese 7284 € per dieci anni per ottenere una rendita mensile di 2438 €. Questa rendita corrisponde, tenuto conto di un'inflazione del 2% l'anno, a un potere di acquisto attuale di 2000 €. Nel calcolo, l'intero capitale sarà convertito in rendita. La rendita si evolve insieme all'inflazione. L'ultimo mese dovrai risparmiare fino a 8864 €.

13° caso:

Rendita da ottenere	:	2000 €
Durata del risparmio	:	10 anni
Rendimento dei risparmi	:	15%
Durata rendita	:	40 anni
Probabile inflazione	:	2%

Dovrai risparmiare ogni mese 5188 € per dieci anni per ottenere una rendita mensile di 2438 €. Questa rendita corrisponde, tenuto conto di un'inflazione del 2% l'anno, a un potere di acquisto attuale di 2000 €. Nel calcolo, l'intero capitale sarà convertito in rendita. La rendita si evolve insieme all'inflazione. L'ultimo mese dovrai risparmiare fino a 6314 €.

14° caso:

Rendita da ottenere	:	2000 €
Durata del risparmio	:	10 anni
Rendimento dei risparmi	:	20%
Durata rendita	:	40 anni
Probabile inflazione	:	2%

Dovrai risparmiare ogni mese 3832 € per dieci anni per ottenere una rendita mensile di 2438 €. Questa rendita corrisponde, tenuto conto di un'inflazione del 2% l'anno, a un potere di acquisto attuale di 2000 €. Nel calcolo, l'intero capitale sarà convertito in rendita. La rendita si evolve insieme all'inflazione. L'ultimo mese dovrai risparmiare fino a 4664 €.

15° caso:

Rendita da ottenere	:	2000 €
Durata del risparmio	:	20 anni
Rendimento dei risparmi	:	10%
Durata rendita	:	40 anni
Probabile inflazione	:	2%

Dovrai risparmiare ogni mese 2329 € per vent'anni per ottenere una rendita mensile di 2972 €. Questa rendita corrisponde, tenuto conto di un'inflazione del 2% l'anno, a un potere di acquisto attuale di 2000 €. Nel calcolo, l'intero capitale sarà convertito in rendita. La rendita si evolve insieme all'inflazione. L'ultimo mese dovrai risparmiare fino a 3455 €.

16° caso:

Rendita da ottenere	:	2000 €
Durata del risparmio	:	20 anni
Rendimento dei risparmi	:	15%
Durata rendita	:	40 anni
Probabile inflazione	:	2%

Dovrai risparmiare ogni mese 1201 € per vent'anni per ottenere una rendita mensile di 2972 €. Questa rendita corrisponde, tenuto conto di un'inflazione del 2% l'anno, a un potere di acquisto attuale di 2000 €. Nel calcolo, l'intero capitale sarà convertito in rendita. La rendita si evolve insieme all'inflazione. L'ultimo mese dovrai risparmiare fino a 1782 €.

17° caso:

Rendita da ottenere	:	2000 €
Durata del risparmio	:	20 anni
Rendimento dei risparmi	:	20%
Durata rendita	:	40 anni
Probabile inflazione	:	2%

Dovrai risparmiare ogni mese 630 € per vent'anni per ottenere una rendita mensile di 2972 €. Questa rendita corrisponde, tenuto conto di un'inflazione del 2% l'anno, a un potere di acquisto attuale di 2000 €. Nel calcolo, l'intero capitale sarà convertito in rendita. La rendita si evolve insieme all'inflazione. L'ultimo mese dovrai risparmiare fino a 935 €.

SEGRETO n. 17: valutate attentamente il vostro risparmio mensile e la durata degli investimenti, per realizzare un determinato capitale.

Come individuare il valore intrinseco delle azioni

Ci sono due modi principali di analizzare i mercati, noti con il nome di analisi tecnica e analisi fondamentale.

Mentre l'analisi tecnica si concentra esclusivamente sui grafici delle azioni storiche dei prezzi, l'analisi fondamentale prende in considerazione elementi come lo stato generale dell'economia, i tassi d'interesse, la produzione, i profitti e la gestione.

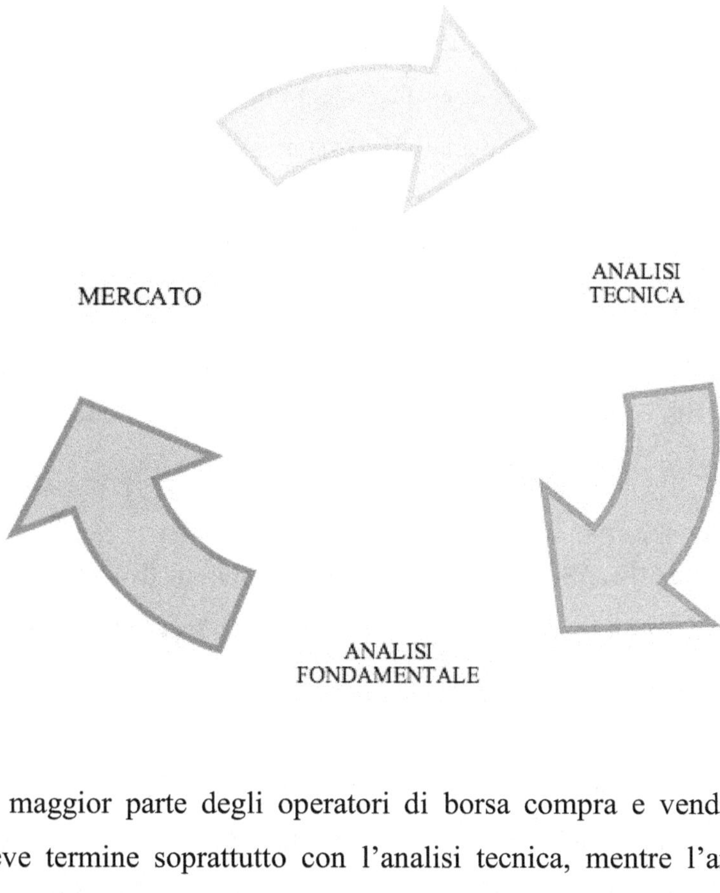

La maggior parte degli operatori di borsa compra e vende nel breve termine soprattutto con l'analisi tecnica, mentre l'analisi fondamentale è più adatta al lungo termine (almeno un anno).

Che cos'è l'analisi fondamentale? Essa individua il valore intrinseco delle azioni di una società quotata. Definito questo valore, è confrontato con quello dichiarato dal mercato in quel momento. Questa differenza sarà il potenziale guadagno per l'investitore. Per eseguire la selezione dei titoli possiamo scegliere diversi tipi di analisi. Possiamo analizzare il contesto macroeconomico e scegliere solamente alcuni mercati su cui investire, oppure scegliere un settore su cui concentrarci (es. energia, farmaci, tecnologia). Per eseguire l'analisi fondamentale ci serviranno gli indici di bilancio che ci indicano la solidità, la redditività, gli utili, i debiti e altri parametri della società esaminata.

SEGRETO n. 18: ci sono due modi principali di analizzare i mercati, noti con il nome di analisi tecnica e analisi fondamentale.

Come si fa a scegliere un buon titolo azionario? Difficile affermarlo, poiché sono troppe le variabile da calcolare. Tuttavia, come ci insegnano i grandi investitori, ci sono alcune valutazioni importanti che possono darci un'indicazione sul percorso da seguire.

In questo capitolo e nel corso dei successivi spiegheremo il significato di alcuni parametri che ci serviranno in seguito per effettuare lo *screening*. Essi sono:

- P/E;
- ROE;
- ROA;
- Debt/Equity.

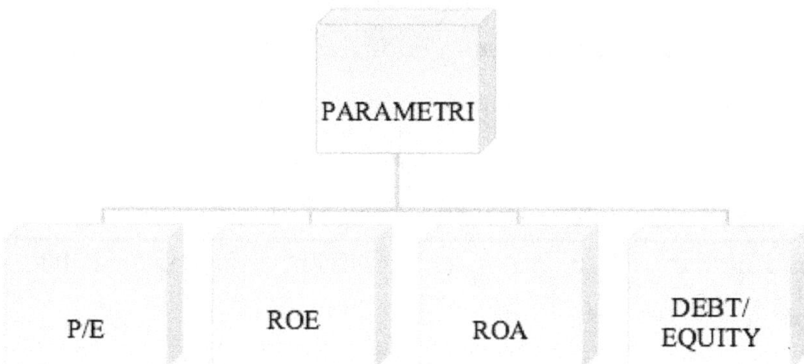

Iniziamo con il P/E, ovvero il rapporto prezzo/utili per azione.

Cos'è il rapporto prezzo/utili e come utilizzarlo

Il rapporto prezzo/utili è il rapporto fra il prezzo corrente di un'azione al momento del calcolo dell'indicatore, scelto di solito nel listino della borsa nazionale con i maggiori volumi scambiati, e l'utile atteso per ogni azione, che è pari all'ultimo dividendo distribuito dalla società diviso il numero di azioni circolanti in quel periodo. Tale rapporto serve a valutare le quotazioni di un'azione, anche se un giudizio sul corretto valore di un titolo deve tener conto di diversi fattori, come il settore di appartenenza o l'andamento futuro dell'impresa.

Un valore pari a 15 è ritenuto normale (il prezzo pari a 15 volte l'utile atteso); se è superiore indica di norma un titolo sopravvalutato (lo è certamente intorno a 30). Valori da 5 a 10 sono ricercati dagli analisti, perché indicano titoli ancora sottovalutati dal mercato, che potrebbero avere una buona crescita.

In settori economici più tradizionali, dove è maggiore la concorrenza e minore la possibilità di ottenere utili di dimensioni elevate, ci si attende che il rapporto prezzo/utili sia basso. In settori innovativi o in settori appena usciti da una situazione di crisi, le attese di utili futuri elevati spingono invece più in alto il

P/E considerato corretto. Il P/E esprime anche il tempo necessario perché gli utili ripaghino il prezzo dell'azione; dopo tale periodo anche una vendita al di sotto del prezzo iniziale (ad esempio se il titolo è in forte calo) è conveniente, poiché già dagli utili l'azionista ha realizzato il suo profitto. Se il P/E è 10, servono dieci anni di utili perché la società ripaghi il prezzo versato con gli utili, nell'ipotesi che vi sia sempre un utile all'anno (società non in perdita).

SEGRETO n. 19: il P/E è il rapporto fra il prezzo corrente di un'azione al momento del calcolo dell'indicatore, e l'utile atteso per ogni azione, che è pari all'ultimo dividendo distribuito dalla società diviso il numero di azioni circolanti.

Se, ad esempio, il P/E della borsa italiana è di 30 vuol dire che servono trent'anni per recuperare l'investimento in base agli utili distribuiti dalle aziende quotate. Capirete che forse è un po' troppo se confrontato con il P/E del Dow Jones pari a 15. Tuttavia, ci possono essere casi in cui il P/E sia più alto, ma ne parleremo in seguito. Per il momento, è importante sapere cosa rappresenta e confrontarlo con altri.

Il rapporto prezzo/utile è uno dei parametri più comuni per misurare il valore del prezzo. È calcolato dividendo il prezzo corrente dell'azione per l'utile per azione degli ultimi dodici mesi. Questo parametro è seguito così da vicino perché rispecchia le attese di mercato sulla performance futura dell'azienda. Tanto più è elevata l'aspettativa, quanto più alti saranno i multipli di utili correnti che gli investitori sono disposti a pagare per la prospettiva di utili futuri.

Questo non significa che tutte le azioni con un basso P/E non abbiano un potenziale di crescita. Mentre per molte aziende un basso P/E è giustificato dai fatti, gli investitori che seguono la value strategy cercano società con un basso P/E perché credono che il mercato non abbia valutato correttamente il potenziale di crescita della società. Gli investitori orientati al valore sostengono che, sebbene il mercato possa essere efficiente nel lungo termine, le emozioni spesso dominano il breve periodo.

Le emozioni possono vincere sull'analisi razionale, spingendo il prezzo oltre il valore intrinseco durante i periodi di euforia, e sotto il vero valore quando c'è una reazione alle cattive notizie.

Il prezzo/utile è in genere uno dei parametri più popolari nella valutazione di un titolo. È una delle metriche più ampiamente citate, immancabilmente riportata da tutti i giornali nelle loro pagine finanziarie e immediatamente comprensibile anche al più profano fra gli aspiranti azionisti o presunti tali. Il suo vantaggio maggiore è quello di offrire un veloce strumento comparativo fra un titolo e l'altro.

È bene precisare che in un caso di P/E molto basso dovreste chiedervi come mai il valore sia così allettante e se non nasconda qualche trabocchetto. Infatti, è improbabile che siate i primi ad accorgervene e, se i professionisti che sondano quotidianamente il mercato hanno declinato l'offerta, fareste bene anche voi a esprimere più di qualche perplessità. **Attenzione alle società con P/E molto basso.**

È importante verificare la qualità e la natura degli utili di un'azienda prima di acquistarne i titoli, pena cattive sorprese e disillusioni costose. Può, infatti, accadere che in un determinato periodo un'azienda venda degli immobili, ceda dei rami di attività o un brevetto e da tali operazioni consegua delle plusvalenze che vanno ad aggiungersi agli utili della sua attività economica. In casi simili, l'utile è ovviamente gonfiato da questi proventi straordinari e presumibilmente non ripetibili.

L'utile per azione appare così più alto di quanto sarebbe normalmente e il P/E in questi casi è un valore precario che su base normalizzata potrebbe essere straordinariamente elevato. Ciò renderebbe quell'azione sopravvalutata. In casi simili, è d'obbligo depurare l'utile di questi introiti straordinari prima di calcolare il P/E.

Il basso P/E potrebbe inoltre indicare un'azienda operante in un'attività ciclica, come per esempio quella automobilistica, che si avvia alla fase più critica del ciclo. Aziende simili alternano periodi di utili abbondanti e altri scarsi. In questo caso, il basso P/E sarebbe il segno che il mercato sta già scontando la presumibile fine del ciclo espansivo e il successivo periodo di vacche magre dei profitti. Inutile quindi sognare di aver scoperto una colossale inefficienza del mercato e sperare in un veloce apprezzamento del titolo.

In base alla stessa logica, nel caso opposto, quindi in previsione di un ciclo espansivo, il P/E potrebbe essere invece parecchio elevato a testimonianza delle attese ottimistiche degli investitori.

Mentre voi, dando solo un'occhiata superficiale al prezzo/utile, potreste non rendervi conto di situazioni simili, state pur certi che gli investitori professionisti lo faranno e si muoveranno di conseguenza. Fare la selezione di azioni cercando solo i rapporti prezzo/utile può essere d'aiuto per trovare le aziende ignorate dal mercato. Tuttavia, questa selezione potrebbe contenere anche casi molto incerti che richiedono un'analisi completa, per non incorrere in aziende giustamente abbandonate dal mercato.

Quando l'azienda è in perdita, il rapporto prezzo/utile non può essere determinato. Gli analisti non valutano solo il rapporto prezzo/utile attuale, bensì anche il futuro corso di borsa in base alle previsioni sugli utili considerando altri parametri:

- il PER (*Price Earnings Ratio*), ovvero il rapporto tra il corso dell'azione e l'utile per azione conseguito dalla rispettiva azienda;
- il PEG (*Price Earnings to Growth Ratio*), che risulta dalla

divisione del PER per il tasso di crescita dell'utile.

Investire in azioni basandosi esclusivamente su titoli con un basso P/E potrebbe portare a grandi guadagni, ma per ridurre il rischio e aumentare la probabilità di scegliere aziende buone, prenderemo in considerazione altri due parametri: ROE e ROA.

Come sapere se un'azienda guadagna attraverso il ROE

Il ROE (*Return On common Equity*) rappresenta l'indice globale dei risultati economici dell'azienda. È una percentuale che evidenzia il potenziale del capitale di rischio e la capacità dell'azienda di attirare capitali, in poche parole quanto rende il capitale conferito all'azienda.

Per considerare il ROE un buon valore, bisogna confrontarlo con il rendimento di investimenti alternativi (BOT, CCT, depositi bancari).

La differenza fra gli investimenti alternativi "sicuri" (BOT, CCT) e il valore del ROE è definito "premio al rischio" perché "premia" un investimento rischioso.

Se il premio al rischio fosse zero, non avrebbe senso investire nell'attività rischiosa (un'impresa) poiché è possibile ottenere la stessa remunerazione da investimenti sicuri.

Il ROE, quindi, è l'indice che esprime la redditività netta globale del capitale portato in azienda a titolo di rischio. Conseguentemente, considera i risultati ottenuti nelle varie attività in cui l'azienda opera. Corrisponde al rapporto tra il reddito netto conseguito e il capitale netto.

ROE = risultato netto / capitale proprio

Rappresenta, in modo sintetico, l'ammontare delle risorse generate dall'attività dell'impresa e ne approssima il livello di autofinanziamento potenziale raggiungibile attraverso la ritenzione degli utili netti; da questo punto di vista, esprime il tasso di sviluppo degli investimenti sostenibile senza modificare il coefficiente d'indebitamento, a meno di dividendi o di altre variazioni del capitale proprio. Per questo, la prima domanda che ci si deve porre quando si analizza un bilancio è se l'impresa guadagna e quanto.

Con la redditività è possibile esaminare questo elemento.

Il ROE è un indicatore molto sintetico e proprio per questo è necessario analizzare le sue componenti o le sue determinanti. Il capitale investito in un'impresa, infatti, non è solo quello investito dagli azionisti, ma anche quello prestato dai fornitori e dai finanziatori.

Conoscere quanto un'impresa è profittevole non dice ancora perché si produce tale redditività; è, infatti, ipotizzabile che in un'impresa buona la profittabilità sia data dalla gestione operativa.

SEGRETO n. 20: il ROE corrisponde al rapporto tra il reddito netto conseguito e il capitale netto e in generale rappresenta l'ammontare delle risorse generate dall'attività dell'impresa.

La redditività operativa è determinata da due elementi:

- la profittabilità delle vendite;
- la rotazione del capitale investito.

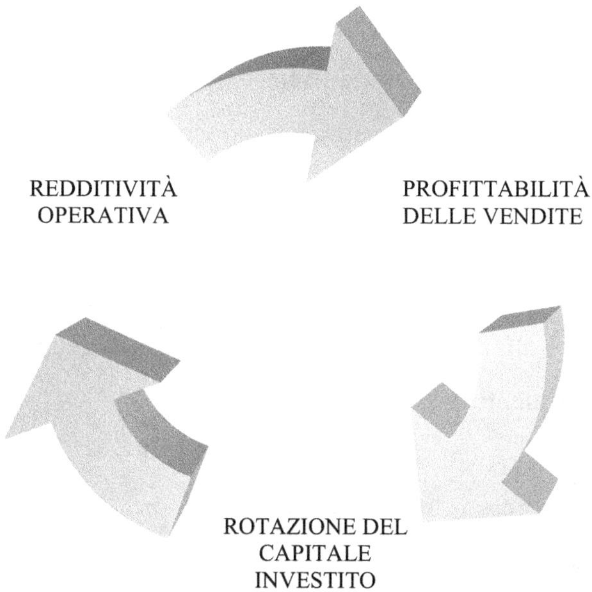

La profittabilità delle vendite è la differenza fra i ricavi e i costi complessivi, sia in percentuale su ogni singola vendita, sia in valore assoluto sul totale delle vendite. La rotazione del capitale investito è quante volte i ricavi fanno muovere il capitale. In conclusione, quando una società segna un ROE elevato, sta usando in modo adeguato i mezzi propri che le sono stati forniti dagli azionisti. Ne deriva che la società sta accrescendo il suo patrimonio a un tasso veloce, che dovrebbe portare a un aumento del prezzo dell'azione.

Altro parametro importante è il ROA (*Return On Assets*), che è sempre un indice della redditività e rappresenta il rapporto tra l'utile netto e le attività totali. In poche parole, il ROA ti dice quello che un'azienda guadagna dal proprio capitale investito. Esso dà agli investitori l'idea di come effettivamente la società sta convertendo i soldi che deve investire nel reddito netto. Il valore del ROA, se è alto, indica che la società sta guadagnando soldi con meno investimenti.

Il ROA è espresso in percentuale e, come abbiamo detto in precedenza, se è alto vuol dire che l'azienda gestisce efficacemente le risorse a propria disposizione. Agisce meglio nelle aziende di produzione, meno invece nei settori dei servizi o in società in cui i beni primari sono persone invece che attrezzature.

Valutare un elemento importante: il PIL

Un altro elemento importante è il PIL, vale a dire prodotto interno lordo. Questo è il valore finale di tutti i beni e servizi prodotti in un paese e ci dice come si muove l'economia globale.

Il PIL consente anche di individuare gli stati con i tassi di crescita più alti. Ad esempio, il PIL 2007 per gli Stati Uniti è stato stimato a circa 14 miliardi di dollari, mentre in Giappone è meno di 5 miliardi di dollari in ordine di grandezza.

Il PIL viene dichiarato ogni trimestre e, sinteticamente, un alto tasso di crescita rappresenta un'economia in rapida espansione. Infatti, se la crescita è elevata e l'inflazione è stabile, ci sarà certamente anche in futuro uno sviluppo dell'economia.

Gli elementi più importanti da considerare sono:

- i consumi personali, ciò che il singolo consumatore spende;
- gli investimenti privati, tra cui acquisti di case da parte di privati e acquisti di attrezzature per la propria impresa;
- la spesa pubblica;
- le esportazioni e le importazioni.

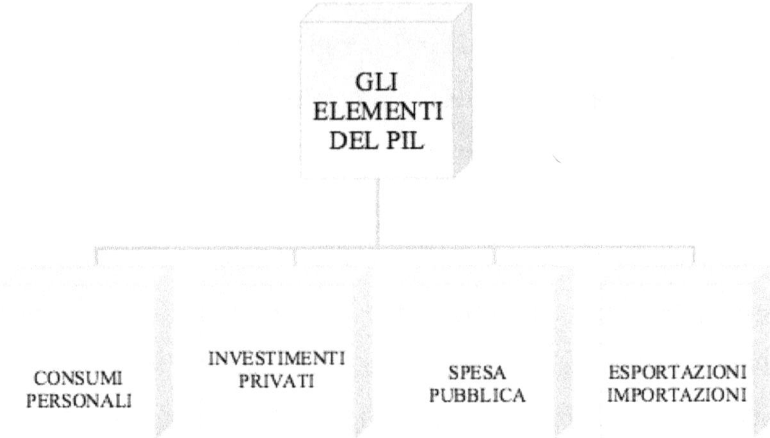

Tutti questi parametri servono per darvi un'idea di ciò che sta accadendo a tutta l'economia.

RIEPILOGO DEL GIORNO 4:

- SEGRETO n. 16: per creare un patrimonio bisogna stabilire a priori la durata, il rendimento dei risparmi e il fattore rischio.
- SEGRETO n. 17: valutate attentamente il vostro risparmio mensile e la durata degli investimenti, per realizzare un determinato capitale.
- SEGRETO n. 18: ci sono due modi principali di analizzare i mercati, noti con il nome di analisi tecnica e analisi fondamentale.
- SEGRETO n. 19: il P/E è il rapporto fra il prezzo corrente di un'azione al momento del calcolo dell'indicatore, e l'utile atteso per ogni azione, che è pari all'ultimo dividendo distribuito dalla società diviso il numero di azioni circolanti.
- SEGRETO n. 20: il ROE corrisponde al rapporto tra il reddito netto conseguito e il capitale netto e in generale rappresenta l'ammontare delle risorse generate dall'attività dell'impresa.

GIORNO 5:
Come operare efficacemente con le small cap

Come investire nelle small cap

Le *small cap* sono aziende di piccola dimensione con capitalizzazione di mercato in genere compresa tra i 200 milioni di dollari e i 2000 milioni di dollari (mercato americano). Vi invito a leggere la definizione esatta sul sito: http://www.investopedia.com/terms/s/small-cap.asp.

Trattandosi di piccole società possono crescere molto velocemente, soprattutto in presenza di dati positivi, ed è stato dimostrato che gli investimenti più interessanti avvengono dopo una recessione finanziaria.

Alcune di loro hanno avuto performance anche del 100% in un solo giorno, ma è ovvio che essendo molto volatili possono perdere valore o addirittura fallire. Sarebbe opportuno, a mio avviso, non destinare all'investimento in *small cap* più del 15% del capitale a disposizione.

È evidente che questo è un valore soggettivo perché, se un investitore ha un grado di rischio elevato, può anche allocare il 50% in *small cap* essendo consapevole, però, che il suo capitale potrebbe ridursi notevolmente.

Uno dei maggiori vantaggi di investire in azioni *small cap* è la possibilità di battere gli investitori istituzionali che hanno restrizioni e limiti di compravendita di grandi porzioni di azioni in circolazione.

SEGRETO n. 21: le small cap sono piccole società con capitalizzazione di mercato bassa e possono offrire rendimenti migliori anche se con una maggiore volatilità.

Di solito, si è abituati a credere che le aziende più grandi abbiano buona salute finanziaria, ma spesso le piccole imprese offrono rendimenti migliori anche se con una maggiore volatilità. I dati storici dimostrano che nel lungo periodo le *small cap* hanno reso molto bene rispetto al resto del mercato, e in questo ebook cercheremo di capire come scovare le gemme nascoste ed evitare aziende scadenti.

Seguendo il mio percorso, si ha sicuramente un vantaggio enorme rispetto agli altri investitori nell'approfittare della crescita esponenziale delle piccole società. Aziende come Cisco, Dell e Microsoft oggi sono conosciute da tutti, ma appena nate nessuno era interessato ad acquistarle. Gli investitori che hanno acquistato queste grandi aziende in passato hanno avuto profitti da capogiro.

Tutti noi desideriamo scoprire il prossimo Microsoft e in questa guida saranno proposti gli strumenti di ricerca e le linee guida che possono consentire a un investitore di selezionare, tra le tante piccole imprese, quelle più promettenti, in modo da compiere la miglior scelta possibile.

Per individuare le aziende migliori bisogna scegliere settori posizionati per una rapida crescita negli anni a venire e soprattutto riuscire a comprendere bene i prodotti e i servizi che la società offre e la capacità del management di gestire l'attività.

La maggior parte dei gestori vi consiglierà di investire sul sicuro con obbligazioni, titoli di stato o azioni a grande capitalizzazione, ma per creare un vero capitale occorre rischiare acquistando società a bassa capitalizzazione. Sicuramente, un investimento in aziende con capitali inferiori ai 500 milioni di dollari è da considerarsi a rischio, ma è proprio questo che determina il maggior guadagno. È bene inoltre ricordare che non stiamo investendo in penny stock, vale a dire quelle microsocietà che valgono pochi centesimi per azione. Queste sono da evitare perché, essendo molto piccole, presentano dei rischi quali la mancanza di risorse finanziarie per mantenere il business nei periodi più duri e la gestione da parte di persone prive di esperienza imprenditoriale.

SEGRETO n. 22: le small cap possono facilmente aumentare di valore ma con esse aumenta anche il rischio, per questo è meglio evitare le penny stock.

I motivi principali per investire in small cap

Rispetto a una società a grande capitalizzazione, una piccola società può raddoppiare facilmente le proprie vendite in un anno. Quindi, la crescita è più rapida per le small cap. Le aziende piccole sono perle nascoste che molti investitori non vedono e, inoltre, sono più a buon mercato. Le piccole imprese possono sfruttare le opportunità che le grandi aziende non possono permettersi di inseguire a causa del loro volume elevato.

Ma come si fa a individuare le migliori small cap?
Ecco alcuni suggerimenti:

- capire quello su cui si sta investendo, soprattutto il settore su cui l'azienda è focalizzata;
- scegliere soprattutto società senza debiti, condizione vitale per la sopravvivenza di un titolo appartenente al settore small cap;
- dopo aver comprato i titoli selezionati, non avere fretta di guadagnare e aspettare che diano i loro frutti;
- non investire su questi titoli il denaro che serve per le spese quotidiane.

SEGRETO n. 23: selezionare società senza debiti e conoscerne il settore di riferimento è di vitale importanza per la sopravvivenza di un titolo appartenente al settore small cap.

Le migliori sei risorse gratuite per analizzare i titoli

La buona notizia è che ci sono una serie di strumenti di screening gratuiti a disposizione degli investitori azionari. Essi offrono caratteristiche essenziali per eseguire la selezione e strumenti di carattere personalizzato. Riporto di seguito un elenco di alcune risorse disponibili online; vi invito a visitarle per avere un'idea generale su cosa oggi internet ci mette a disposizione.

Yahoo Finanza:

http://screener.finance.yahoo.com/presetscreens.html

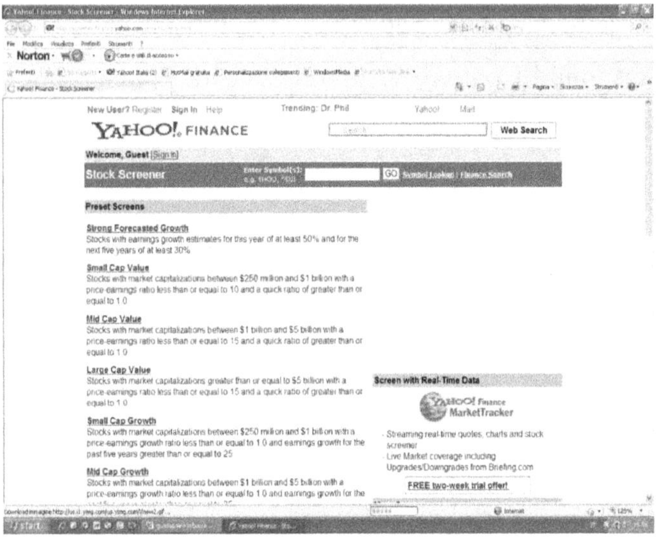

Fonte: www.yahoo.com

Si tratta di un sito molto semplice da consultare. È gratuito e riporta numerosi dati, compresi i prezzi storici di azioni e indici.

Msn money:

http://moneycentral.msn.com/investor/finder/customstocksdl.asp

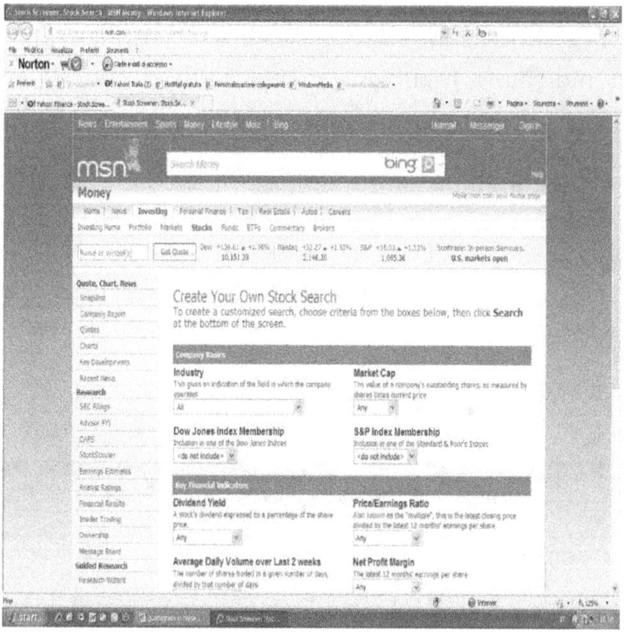

Fonte: http://moneycentral.msn.com

Msn money è uno strumento di screening personalizzato che permette di definire con chiarezza molti parametri: si parte dal settore in cui opera la società (energia, prodotti chimici, auto, abbigliamento, servizi alle imprese, software, biotecnologia, aerospaziale, pubblicità, bevande, materie prime, elettronica, investimenti), poi si scelgono la capitalizzazione di mercato e i principali indicatori finanziari, quali il dividendo, il volume, i debiti, la crescita del fatturato annuo, l'andamento dei prezzi rispetto alle azioni dello stesso settore.

Morningstar: http://www.morningstar.it/it/default.aspx?lang=it-IT

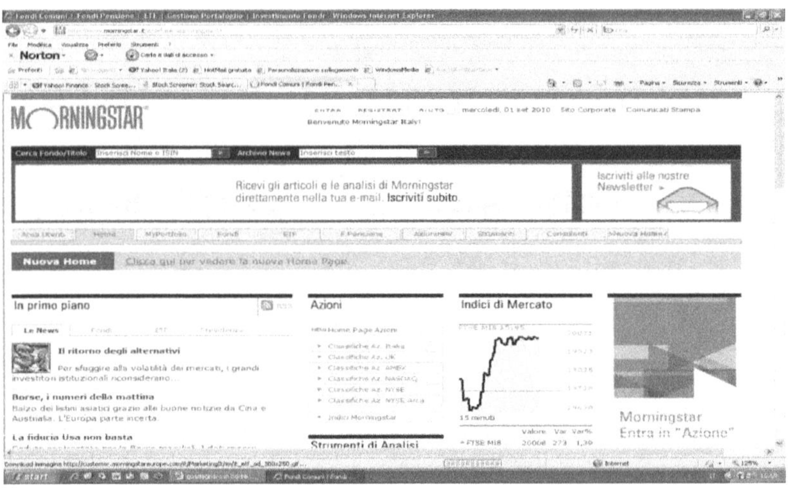

Fonte: http://www.morningstar.it

Morningstar è uno dei migliori strumenti di *stock screening* sul mercato; alcune opzioni sono a pagamento, altre invece sono gratuite.

Google finanza: http://www.google.com/finance

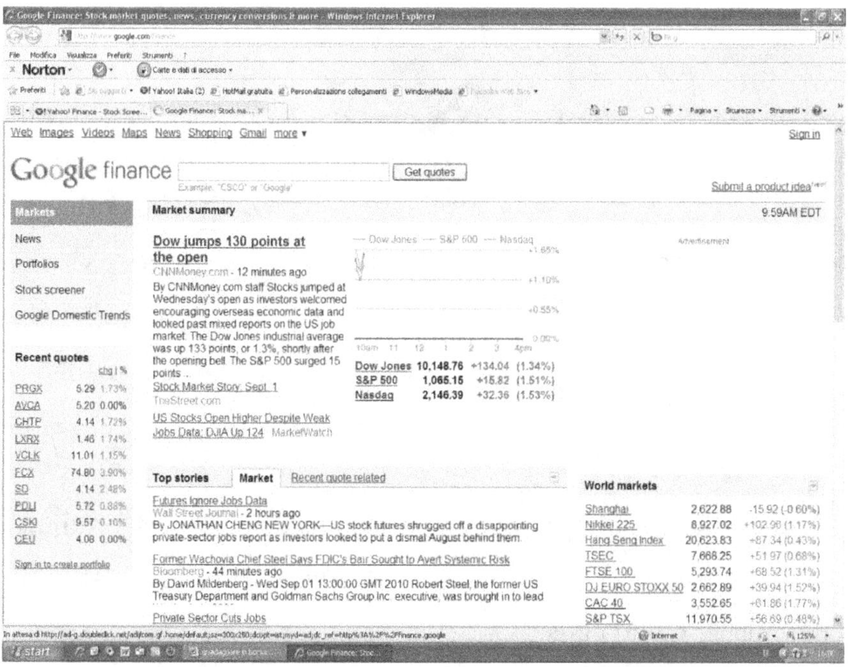

Fonte: http://www.google.com

Google offre uno screener che permette di visualizzare in una sola schermata molti dei valori utili per effettuare la selezione.

Reuters: http://www.reuters.com/

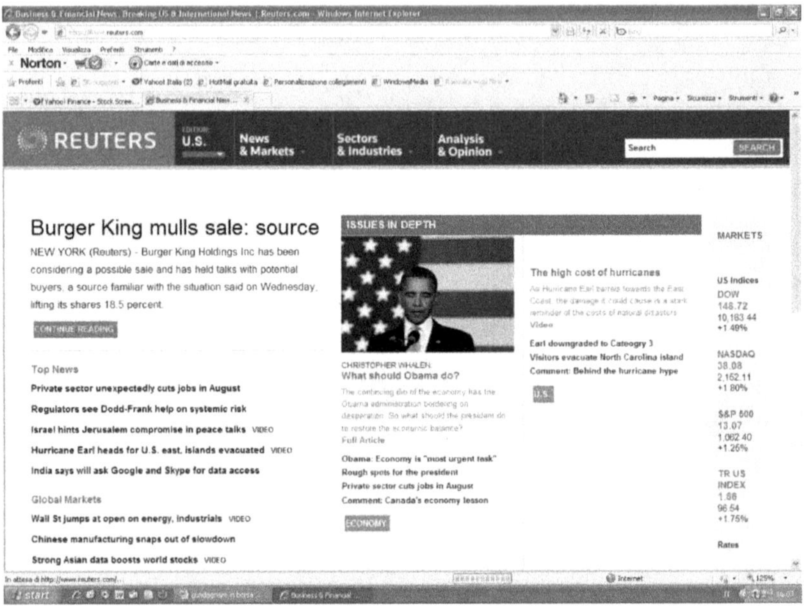

Fonte: http://www.reuters.com/

Reuters offre molte notizie sulle azioni, compreso il profilo, i grafici e i commenti degli analisti. A pagamento offre possibilità di screener molto potenti.

Finviz: www.finviz.com

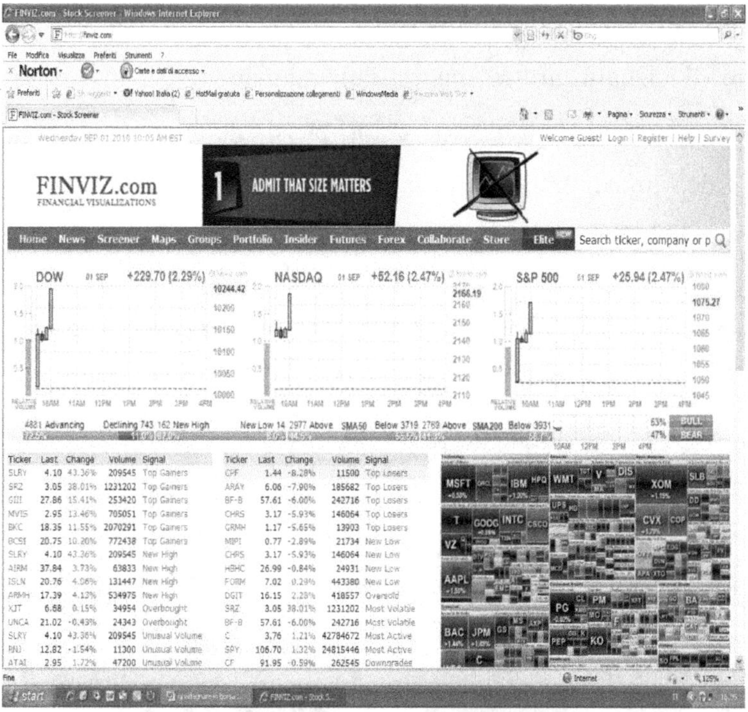

Fonte: www.finviz.com

Finviz, a oggi, è il miglior strumento di screening gratuito a disposizione, e lo utilizzeremo nei prossimi capitoli. Si tratta di un sito americano che, oltre all'analisi dei grafici in tempo reale e alla sezione news che offrono anche altri siti, consente di effettuare screening con particolari filtri. Il risultato può essere visto, oltre che in forma tabulare, anche con grafici affiancati, e si può utilizzare la funzione maps (v. immagine in basso) che permette di visualizzare la mappa del mercato divisa in settori. Con questa funzione, attraverso i colori possiamo avere un quadro generale dell'andamento dei titoli: il verde indica che il titolo sta guadagnando e il rosso, ovviamente, che sta perdendo.

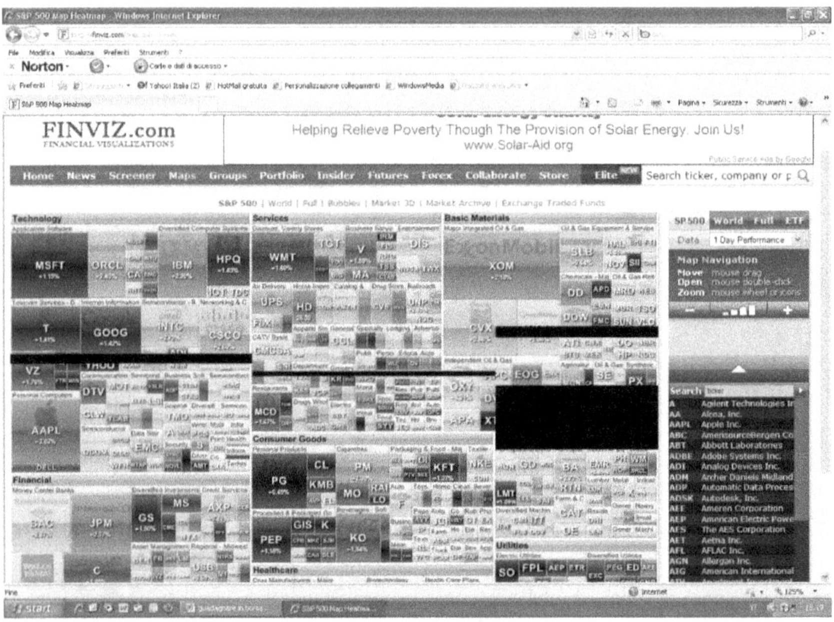

Fonte: www.finviz.com

SEGRETO n. 24: internet offre una serie di strumenti di screening gratuiti a disposizione degli investitori azionari con i principali indicatori finanziari.

Come le small cap possono valere un tesoro

I singoli investitori, per avere la meglio sugli operatori professionali che dispongono di risorse e professionisti che lavorano costantemente sul mercato, devono sviluppare una serie di accorgimenti.

La verità è che nessuno sa con precisione quando il mercato sta per spostarsi (in alto o in basso) ma, per esempio, storicamente le azioni hanno rimbalzato a seguito di una recessione o di un mercato orso oppure quando gli investitori hanno ottenuto profitti stratosferici e hanno portato a casa i guadagni, facendo scendere il mercato.

Tutto si può spiegare con una semplice parola: ciclo. I prezzi raggiungono livelli bassi e quindi appetibili ai compratori che tornano nel mercato a comprare. A questo punto, i prezzi continuano a salire e questo attirerà altri investitori, fin quando i prezzi raggiungeranno un livello che diventa scomodo e il ciclo riprende.

La domanda che l'investitore dovrebbe porsi è se il mercato si muoverà in una direzione per un periodo prolungato. Ecco che gli investitori a lungo termine devono essere disposti a cavalcare i mercati. Investire in *small cap* subito dopo una recessione può portare a realizzare rendimenti eccezionali, se si investe in azioni che producono redditività.

Tra tutte le azioni presenti nel mercato perché dovremmo acquistare aziende di piccolo taglio? La risposta è che queste azioni possono valere una fortuna. Immaginate di scoprire una società che costa solo 1 $ per azione e che dopo un mese quota 11 $: avrete un gain del 1000%, un guadagno esplosivo.

Per questo, con le *small cap* si può diventare ricchi molto velocemente ma alla stessa velocità si può diventare anche poveri. Il modo migliore è investire con prudenza iniziando con una piccola parte del capitale a disposizione e acquistando contemporaneamente varie società, per diversificare il rischio.

SEGRETO n. 25: investire in small cap subito dopo una recessione può portare a realizzare rendimenti straordinari, mentre gli investitori di lungo termine devono essere disposti a cavalcare i cicli di mercato.

Nel 1939, John Templeton acquistò cento azioni di una società di *trading* a 1$ per azione. Nel corso degli anni, il suo investimento è decuplicato per molte volte, anche se diverse delle società che aveva in portafoglio andarono in bancarotta. Il suo piano era di acquistare cento azioni di società che quotavano all'incirca 1$.

Alla fine, John Templeton si ritrovò miliardario e passò il resto dei suoi giorni sotto il sole delle Bahamas.

RIEPILOGO DEL GIORNO 5:

- SEGRETO n. 21: le *small cap* sono piccole società con capitalizzazione di mercato bassa e possono offrire rendimenti migliori anche se con una maggiore volatilità.
- SEGRETO n. 22: le *small cap* possono facilmente aumentare di valore ma con esse aumenta anche il rischio, per questo è meglio evitare le *penny stock.*
- SEGRETO n. 23: selezionare società senza debiti e conoscerne il settore di riferimento è di vitale importanza per la sopravvivenza di un titolo appartenete al settore *small cap.*
- SEGRETO n. 24: internet offre una serie di strumenti di *screening* gratuiti a disposizione degli investitori azionari con i principali indicatori finanziari.SEGRETO n. 25: investire in *small cap* subito dopo una recessione può portare a realizzare rendimenti straordinari, mentre gli investitori di lungo termine devono essere disposti a cavalcare i cicli di mercato.

GIORNO 6:
Come utilizzare le tecniche di screening

Osservare gli insider: il grande segreto della borsa

Nota bene: di seguito sono riportati gli acquisti e le vendite depositati presso la Securities and Exchange Commission. Si prega di notare che queste sono liste di fatto e non raccomandazioni per acquistare o vendere titoli. Esse rappresentano soltanto un parametro per valutare l'importanza di una transazione.

Si definiscono insider tutti i membri di una società (presidente, soci, direttori, amministratori, segretarie ecc). Prendiamo in considerazione un esempio: l'amministratore di una società che vende bibite viene a sapere che nell'ultimo trimestre le vendite sono raddoppiate. Egli può utilizzare queste informazioni per comprare azioni e trarne un profitto prima che i dati siano diffusi al pubblico. Queste informazioni privilegiate sono illegali e chi commette il reato rischia sanzioni elevate e parecchi anni di carcere (nella parte finale approfondiremo questo discorso).

La SEC è stata istituita per tutelare gli investitori dall'abuso delle informazioni privilegiate e dare a tutti le stesse opportunità d'investimento. Gli insider possono comunque acquistare e vendere quote delle loro società in conformità a informazioni pubbliche, sostenendo di effettuare la compravendita sulla base di buone prospettive per la società. In questo modo i loro acquisti (o vendite) sono totalmente legali, anche se comunque soggetti al controllo della SEC.

Come noi investitori possiamo sfruttare queste informazioni?

Quando un insider acquista o vende azioni della propria società è tenuto a pubblicare tutto ciò che riguarda la transazione, vale a dire il numero totale di azioni acquistate o vendute, il controvalore e il numero delle quote che già aveva in precedenza.

Noi investitori, seguendo quello che gli insider fanno, possiamo determinare in linea generale che direzione prenderà l'azienda. Se, ad esempio, il presidente di una certa società acquista una notevole quantità di azioni della sua società, questo è un dato molto importante che può indicare il fatto che l'azienda continuerà ad avere utili crescenti in futuro.

In generale, quindi, l'acquisto di una notevole quantità di azioni da parte del direttore o di un amministratore delegato rappresenta una nota positiva, anche se non basta per garantire un guadagno. Se si vuole fare in modo di aumentare la probabilità che l'investimento sia profittevole, oltre a verificare che ci siano stati acquisti o vendite su un determinato titolo, bisogna determinare la percentuale delle azioni possedute dagli insider.

Ad esempio, se il direttore generale acquista 500.000 dollari di azioni della sua società e gli insider possiedono il 30% della società stessa, questo diventa per noi investitori un ottimo acquisto. In definitiva, se gli insider detengono almeno il 30% delle azioni della loro società, vuol dire che hanno fiducia nel fatto che loro quote aumentino di valore. Questo valore può anche essere modificato a proprio piacere: va da sé che più è alto, maggiore è la fiducia che gli insider hanno nella propria azienda. Bisogna comunque sempre analizzare a fondo la società e, in caso si voglia eseguire un acquisto, verificare che nell'ultimo periodo non ci siano state vendite da parte degli insider.

Molto importante è anche seguire quello che fanno gli investitori istituzionali (fondi comuni d'investimento, assicurazioni, banche, hedge fund), poiché gestiscono i soldi dei clienti che ovviamente richiedono un certo guadagno. Il modo migliore per selezionare queste società è prendere in considerazione un'azienda di proprietà di un investitore istituzionale. Infatti, gli analisti, prima di acquistare queste società, passano molto tempo a studiarne i bilanci e i vari dati finanziari. Vediamo ora come possiamo recuperare questi dati e come analizzarli. Colleghiamoci al sito www.finviz.com

Fonte: www.finviz.com

Selezioniamo, per fare un esempio, il titolo con Ticker AVCA (Advocat), nella parte in alto a destra (come illustrato nell'immagine seguente dalla freccia) e premiamo Invio:

Fonte: www.finviz.com

Otteniamo in questo modo il grafico con tutti i dati del titolo:

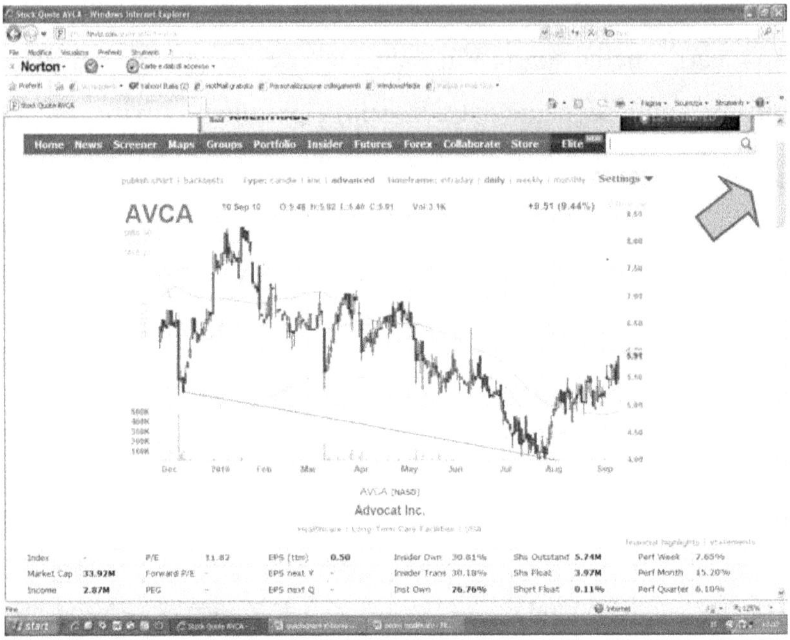

Fonte: www.finviz.com

Scorrendo in basso (come mostrato nell'immagine in alto dalla freccia), lateralmente nella parte finale c'è la voce *Insider Trading*, dove sono descritte tutte le informazioni concernenti l'acquisto di azioni da parte dei membri della società:

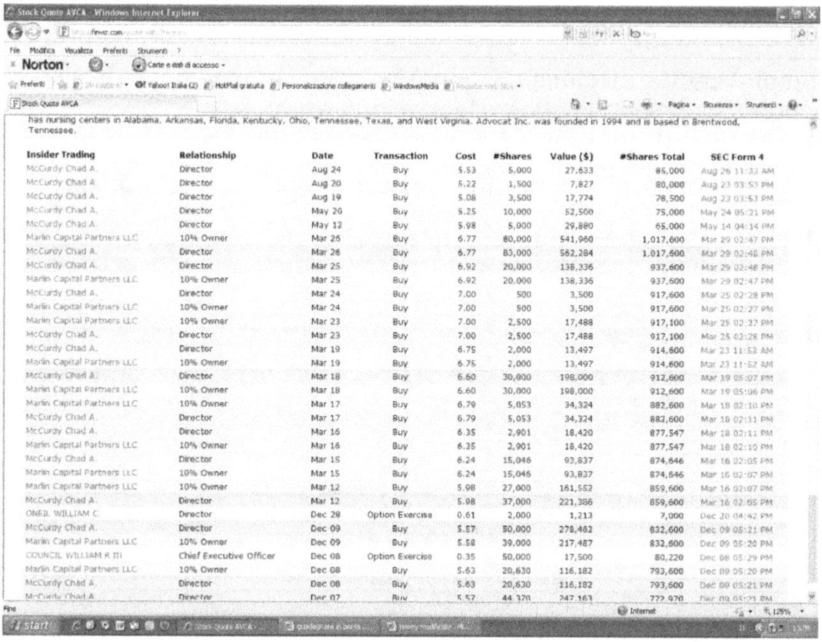

has nursing centers in Alabama, Arkansas, Florida, Kentucky, Ohio, Tennessee, Texas, and West Virginia. Advocat Inc. was founded in 1994 and is based in Brentwood, Tennessee.

Insider Trading	Relationship	Date	Transaction	Cost	#Shares	Value ($)	#Shares Total	SEC Form 4
McCurdy Chad A.	Director	Aug 24	Buy	5.53	5,000	27,633	85,000	Aug 26 11:33 AM
McCurdy Chad A.	Director	Aug 20	Buy	5.22	1,500	7,827	80,000	Aug 23 03:53 PM
McCurdy Chad A.	Director	Aug 19	Buy	5.08	3,500	17,774	78,500	Aug 23 03:53 PM
McCurdy Chad A.	Director	May 20	Buy	5.25	10,000	52,500	75,000	May 24 05:21 PM
McCurdy Chad A.	Director	May 12	Buy	5.98	5,000	29,880	65,000	May 14 04:14 PM
Marlin Capital Partners LLC	10% Owner	Mar 26	Buy	6.77	80,000	541,960	1,017,600	Mar 29 02:47 PM
McCurdy Chad A.	Director	Mar 26	Buy	6.77	83,000	562,284	1,017,600	Mar 29 02:48 PM
McCurdy Chad A.	Director	Mar 25	Buy	6.92	20,000	138,336	937,600	Mar 29 02:48 PM
Marlin Capital Partners LLC	10% Owner	Mar 25	Buy	6.92	20,000	138,336	937,600	Mar 29 02:47 PM
McCurdy Chad A.	Director	Mar 24	Buy	7.00	500	3,500	917,600	Mar 25 02:28 PM
Marlin Capital Partners LLC	10% Owner	Mar 24	Buy	7.00	500	3,500	917,600	Mar 25 02:27 PM
Marlin Capital Partners LLC	10% Owner	Mar 23	Buy	7.00	2,500	17,488	917,100	Mar 25 02:27 PM
McCurdy Chad A.	Director	Mar 23	Buy	7.00	2,500	17,488	917,100	Mar 25 02:28 PM
McCurdy Chad A.	Director	Mar 19	Buy	6.75	2,000	13,497	914,600	Mar 23 11:53 AM
Marlin Capital Partners LLC	10% Owner	Mar 19	Buy	6.75	2,000	13,497	914,600	Mar 23 11:52 AM
McCurdy Chad A.	Director	Mar 18	Buy	6.60	30,000	198,000	912,600	Mar 19 05:07 PM
Marlin Capital Partners LLC	10% Owner	Mar 18	Buy	6.60	30,000	198,000	912,600	Mar 19 05:06 PM
Marlin Capital Partners LLC	10% Owner	Mar 17	Buy	6.79	5,053	34,324	882,600	Mar 18 02:10 PM
McCurdy Chad A.	Director	Mar 17	Buy	6.79	5,053	34,324	882,600	Mar 18 02:11 PM
McCurdy Chad A.	Director	Mar 16	Buy	6.35	2,901	18,420	877,547	Mar 18 02:11 PM
Marlin Capital Partners LLC	10% Owner	Mar 16	Buy	6.35	2,901	18,420	877,547	Mar 18 02:10 PM
McCurdy Chad A.	Director	Mar 15	Buy	6.24	15,046	93,837	874,646	Mar 16 02:05 PM
Marlin Capital Partners LLC	10% Owner	Mar 15	Buy	6.24	15,046	93,837	874,646	Mar 16 02:07 PM
Marlin Capital Partners LLC	10% Owner	Mar 12	Buy	5.98	27,000	161,552	859,600	Mar 16 02:07 PM
McCurdy Chad A.	Director	Mar 12	Buy	5.98	37,000	221,386	859,600	Mar 16 02:05 PM
ONEIL WILLIAM C	Director	Dec 28	Option Exercise	0.61	2,000	1,213	7,000	Dec 20 04:42 PM
McCurdy Chad A.	Director	Dec 09	Buy	5.57	50,000	278,462	832,600	Dec 09 05:21 PM
Marlin Capital Partners LLC	10% Owner	Dec 09	Buy	5.58	39,000	217,487	832,600	Dec 09 05:20 PM
COUNCIL WILLIAM R III	Chief Executive Officer	Dec 08	Option Exercise	0.35	50,000	17,500	80,220	Dec 08 05:29 PM
Marlin Capital Partners LLC	10% Owner	Dec 08	Buy	5.63	20,630	116,182	793,600	Dec 09 05:20 PM
McCurdy Chad A.	Director	Dec 08	Buy	5.63	20,630	116,182	793,600	Dec 09 05:21 PM
McCurdy Chad A.	Director	Dec 07	Buy	5.57	44,370	247,163	772,970	Dec 09 05:21 PM

Fonte: www.finviz.com

In questo caso specifico possiamo notare come molti membri della società hanno acquistato le proprie azioni. Alla voce Relationship possiamo sapere chi ha acquistato azioni (direttore, amministratore, società) con la relativa data di compravendita, il relativo prezzo (Cost) e la quantità di azioni in questo caso acquistate (Shares).

Continuando verso destra, possiamo conoscere il valore della compravendita effettuata (Value) e infine le azioni totali che in questo caso il direttore ha nel suo portafoglio (Shares Total). Se vogliamo andare ancora oltre possiamo aprire la schermata SEC Form e leggere tutta la relativa transazione:

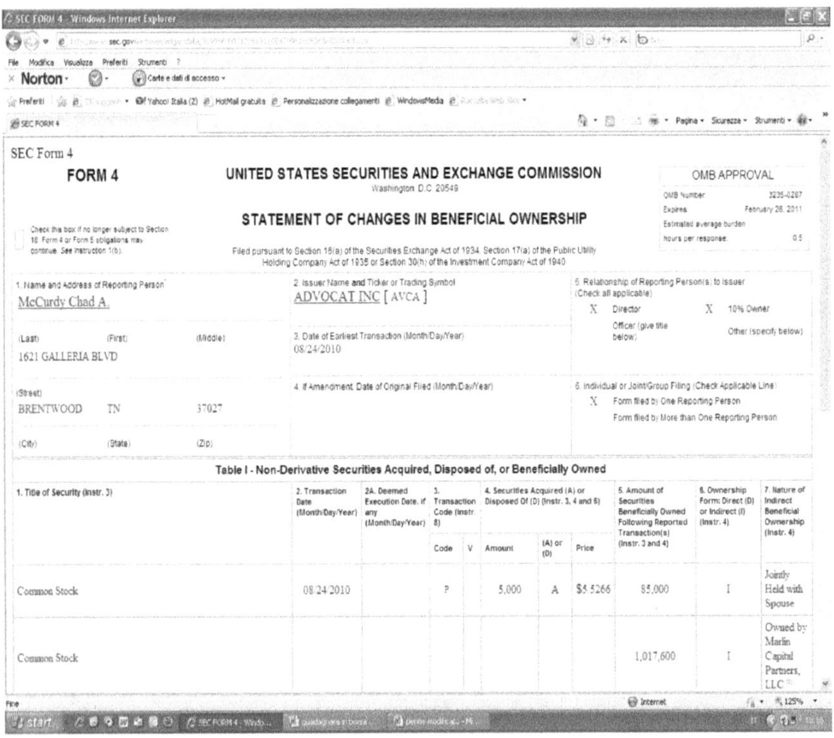

SEC Form 4

FORM 4

UNITED STATES SECURITIES AND EXCHANGE COMMISSION
Washington, D.C. 20549

STATEMENT OF CHANGES IN BENEFICIAL OWNERSHIP

Filed pursuant to Section 16(a) of the Securities Exchange Act of 1934, Section 17(a) of the Public Utility Holding Company Act of 1935 or Section 30(h) of the Investment Company Act of 1940

OMB APPROVAL
OMB Number: 3235-0287
Expires: February 28, 2011
Estimated average burden hours per response: 0.5

Check this box if no longer subject to Section 16. Form 4 or Form 5 obligations may continue. See Instruction 1(b).

1. Name and Address of Reporting Person: McCurdy Chad A.
(Last) (First) (Middle)
1621 GALLERIA BLVD
(Street)
BRENTWOOD TN 37027
(City) (State) (Zip)

2. Issuer Name and Ticker or Trading Symbol: ADVOCAT INC [AVCA]

3. Date of Earliest Transaction (Month/Day/Year): 08/24/2010

4. If Amendment, Date of Original Filed (Month/Day/Year)

5. Relationship of Reporting Person(s) to Issuer (Check all applicable)
X Director — X 10% Owner
Officer (give title below) — Other (specify below)

6. Individual or Joint/Group Filing (Check Applicable Line)
X Form filed by One Reporting Person
Form filed by More than One Reporting Person

Table I - Non-Derivative Securities Acquired, Disposed of, or Beneficially Owned

1. Title of Security (Instr. 3)	2. Transaction Date (Month/Day/Year)	2A. Deemed Execution Date, if any (Month/Day/Year)	3. Transaction Code (Instr. 8) Code	V	4. Securities Acquired (A) or Disposed Of (D) (Instr. 3, 4 and 5) Amount	(A) or (D)	Price	5. Amount of Securities Beneficially Owned Following Reported Transaction(s) (Instr. 3 and 4)	6. Ownership Form: Direct (D) or Indirect (I) (Instr. 4)	7. Nature of Indirect Beneficial Ownership (Instr. 4)
Common Stock	08/24/2010		P		5,000	A	$5.5266	85,000	I	Jointly Held with Spouse
Common Stock								1,017,600	I	Owned by Marlin Capital Partners, LLC

Fonte: www.finviz.com

Osserviamo ora la schermata sotto il grafico:

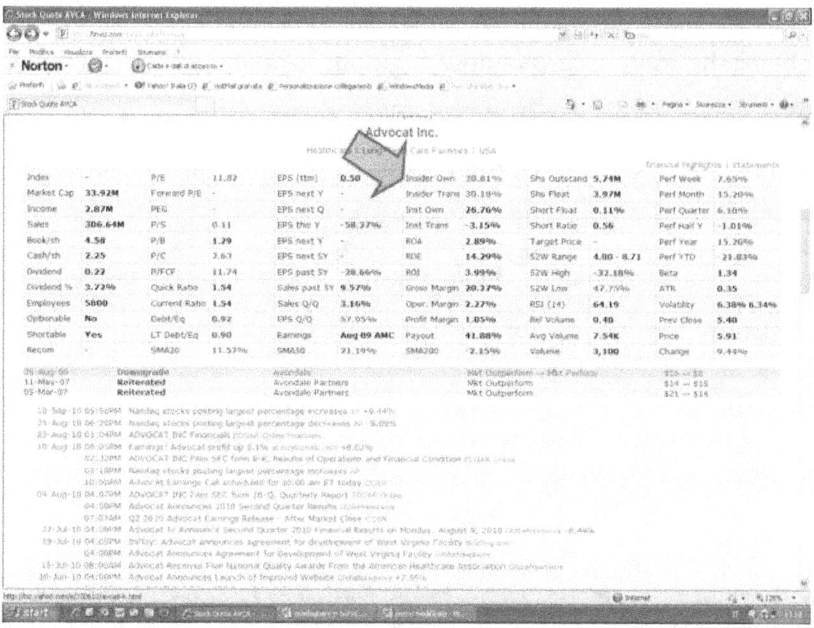

Fonte: www.finviz.com

Possiamo vedere le informazioni che a noi interessano, e cioè: Insider Ownership (Insider Own), nella parte centrale, che in questo caso ci dice che il 30,81% della società appartiene ai titolari della società stessa, quindi è un dato molto importante; subito dopo Insider Transaction, che in questo caso è il 30,18% e significa che i membri della società hanno acquistato azioni proprie negli ultimi sei mesi – e anche questo è un dato molto rilevante; scorrendo verso il basso scopriamo la Institutional Ownership, che è la quantità di azioni in mano agli istituzionali, in questo caso pari al 26,76% – anche questo un dato significativo. Ora, se vogliamo conoscere gli acquisti o le vendite degli insider negli ultimi due-tre giorni, ritorniamo alla home page e selezioniamo, nella parte alta centrale subito dopo Portfolio, la voce Insider (come indicato dalla freccia):

Fonte: www.finviz.com

SEGRETO n. 26: l'acquisto di una notevole quantità di azioni da parte del personale dell'azienda rappresenta una nota positiva, anche se non basta per garantire un guadagno.

Otteniamo la seguente schermata:

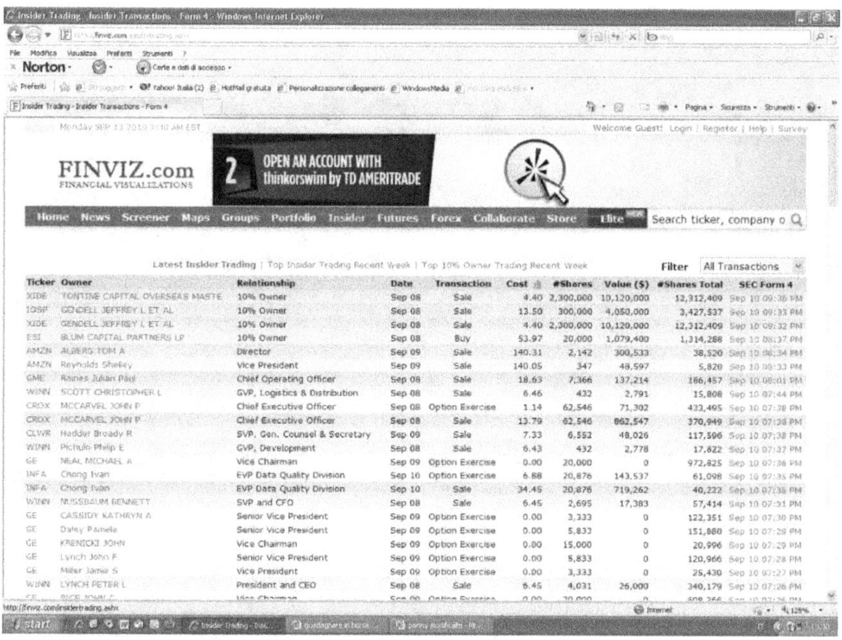

Fonte: www.finviz.com

In questa pagina possiamo vedere tutte le compravendite effettuate di recente. Se ci interessa vedere solo gli acquisti possiamo, alla voce Filter (in alto a destra), selezionare Buy Transaction (com'è illustrato nell'immagine seguente):

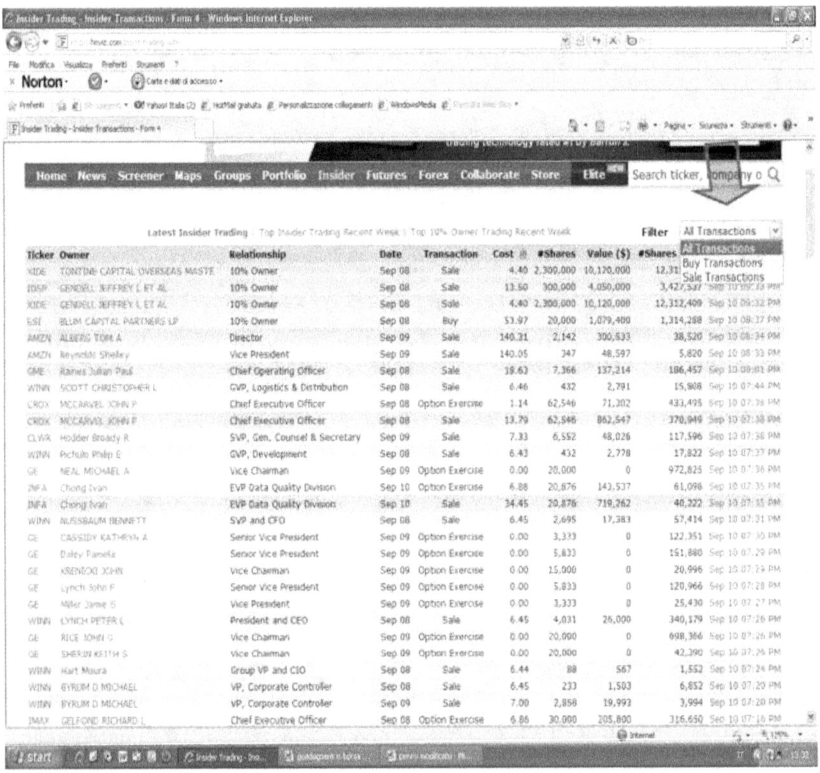

Fonte: www.finviz.com

Se vogliamo scoprire le transazioni dell'ultima settimana, selezioniamo la voce Top Insider Trading Recent Week:

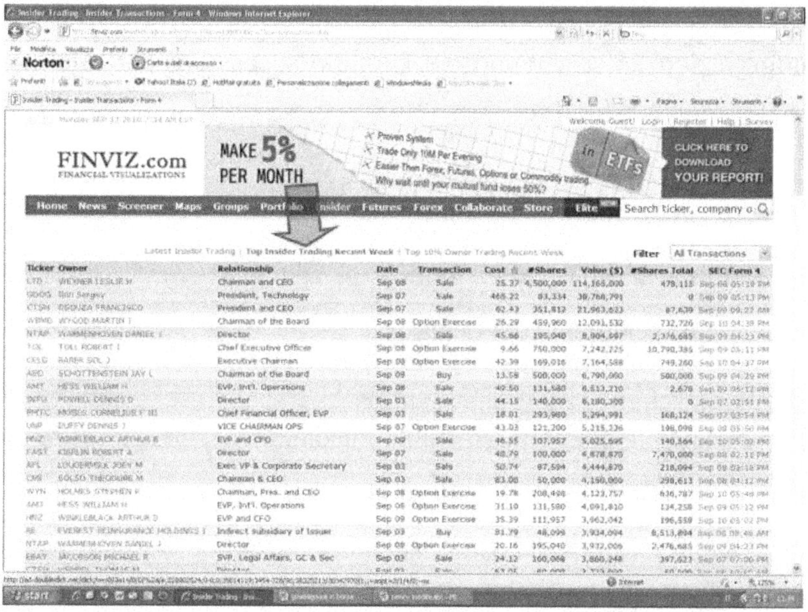

Fonte: www.finviz.com

In questo caso possiamo vedere tutte le compravendite effettuate nell'ultima settimana, selezionate partendo dal valore più alto al più basso. In questo caso, ad esempio, il chairman della società Limited Brands (LTD) ha venduto quattro milioni e cinquecentomila azioni al costo di 25,37 ognuna, per un controvalore di circa 114 milioni di dollari. Anche in questo caso, se ci interessa conoscere solo gli acquisti, alla voce *Filter* possiamo immettere *Buy Transaction*. Alcune di queste informazioni ci serviranno nel capitolo successivo per effettuare la selezione dei migliori titoli.

Tecnica di screening con Finviz

Passiamo ora alla parte pratica e vediamo come riuscire a guadagnare realmente del denaro.

Per riuscire a ottenere un buon guadagno occorre inserire nel vostro portafoglio società con quotazioni interessanti e scambiate nel mercato americano (purtroppo nel mercato europeo non ci sono grandi opportunità di acquisto).

Utilizzeremo una tecnica di screening che selezionerà le migliori aziende del mercato in base ad alcuni parametri:

- ROE (Return on Equity) maggiore di 40;
- P/E (rapporto prezzo/utili) minore di 15;
- Debt/Equity (indice di solidità) minore di 0,1.

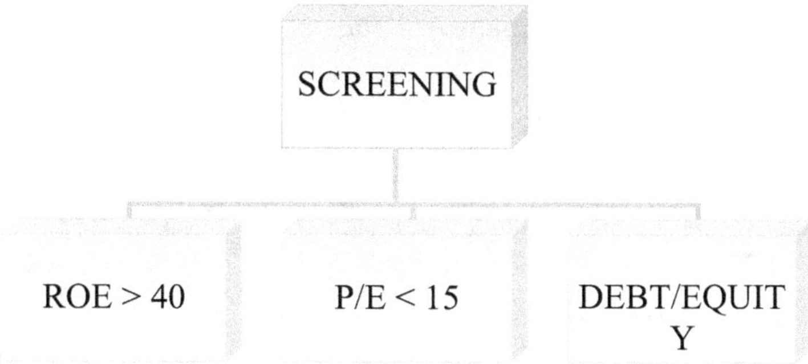

Per compiere questo screening, internet mette a disposizione strumenti molto efficaci, fino a qualche anno fa inesistenti, di cui possiamo anche utilizzare i software gratuitamente. Sono molti i siti utili al nostro scopo (Yahoo, Reuters) ma il migliore è Finviz. Colleghiamoci alla home page del sito www.finviz.com

Fonte: www.finviz.com

In alto a sinistra premiamo il tasto Screener. Questa è la schermata:

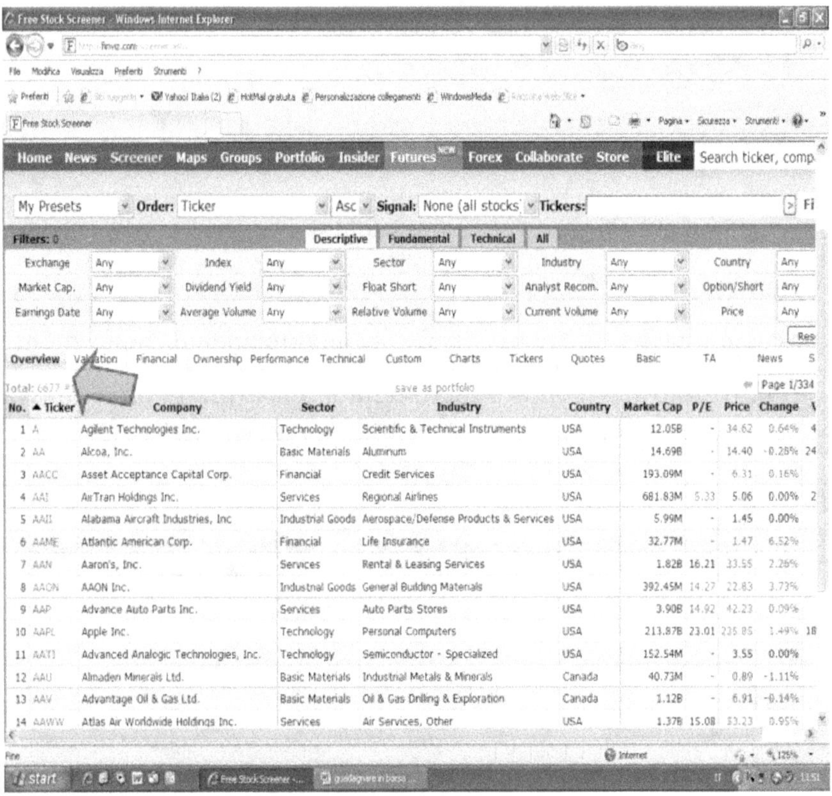

Fonte: www.finviz.com

Come potete osservare, sotto la scritta Overview è riportato il numero totale di aziende presenti nel mercato americano. In questo caso sono 6677. Con il nostro screener punteremo a portare il numero di aziende al di sotto di cinquanta titoli, iniziando con l'eliminare quelle società con capitalizzazione troppo bassa.

Nel nostro caso, sceglieremo società con almeno 50 milioni di dollari. È bene precisare che, scegliendo azioni di piccolo taglio, chiamate Small Cap Growth (fino a due miliardi di dollari), è possibile ottenere un guadagno superiore ma aumenta simultaneamente anche il rischio. Scegliendo invece titoli superiori ai due miliardi di dollari (Large Cap Growth), il rischio diminuisce ma anche i guadagni ne risentiranno.

In questo caso, in alto a sinistra, alla voce Market Cap selezioneremo nel menu a tendina +Micro (over $50 mln). Quindi, selezioneremo società con almeno 50 milioni di dollari. Per adesso non poniamo un limite massimo alle società con capitalizzazione superiore ai due miliardi di dollari, perché quasi sicuramente saranno eliminate automaticamente.

È bene precisare che, per definizione, le *small cap*, come abbiamo accennato in precedenza, superano i 200 milioni di dollari, ma ho voluto inserire anche quelle società chiamate *micro cap* che in genere hanno una capitalizzazione tra i 50 e i 200 milioni di dollari (www.investopedia.com/terms/m/microcapstock.asp).

Questa è la nuova schermata:

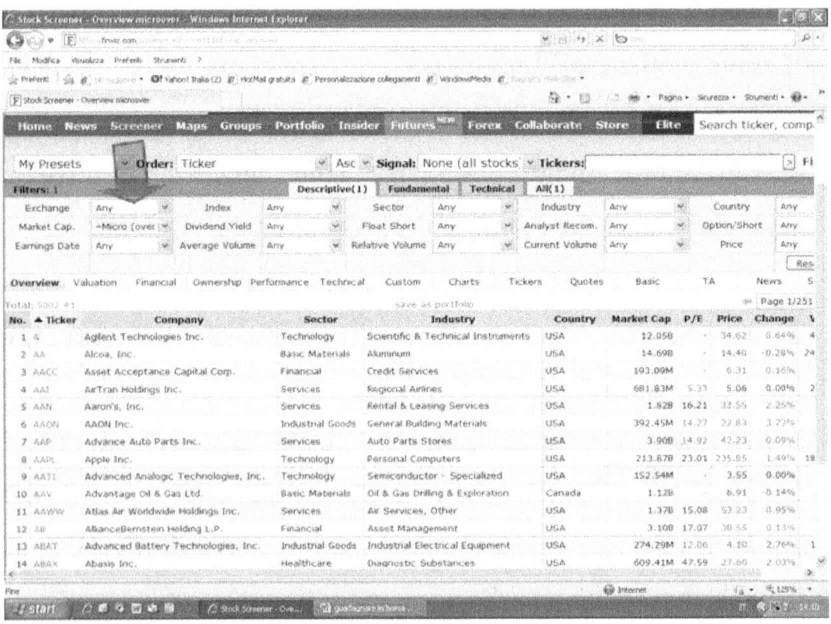

Fonte: www.finviz.com

Ora selezioneremo in alto nella parte centrale Fundamental:

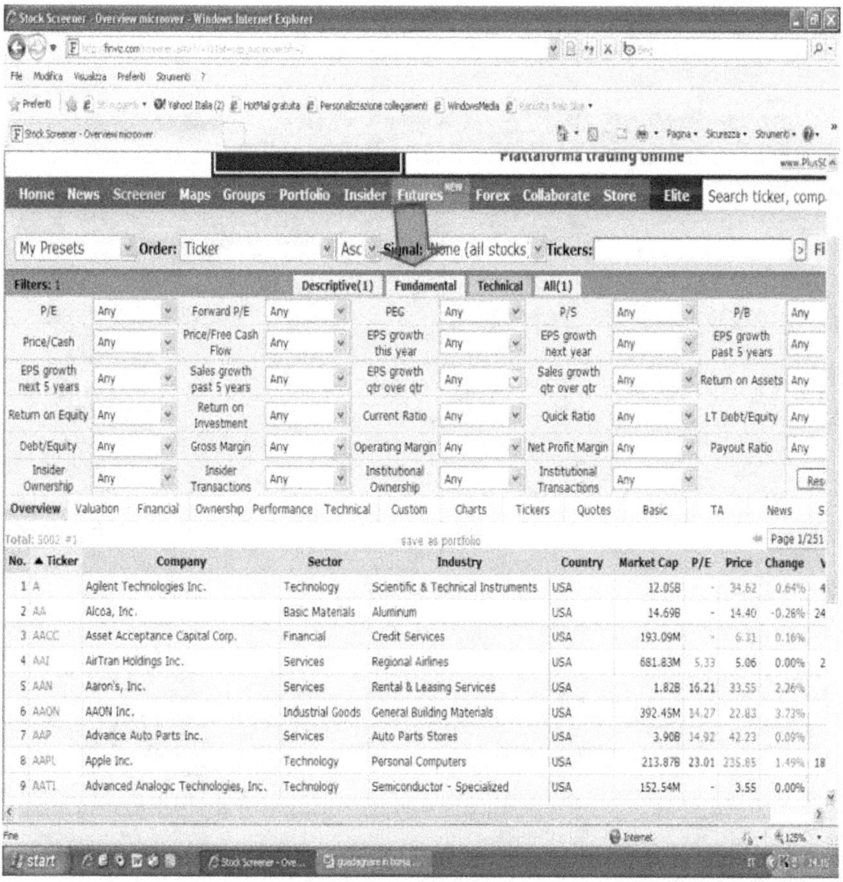

Fonte: www.finviz.com

In alto a sinistra, alla voce P/E, nel menu a tendina selezioniamo under 15:

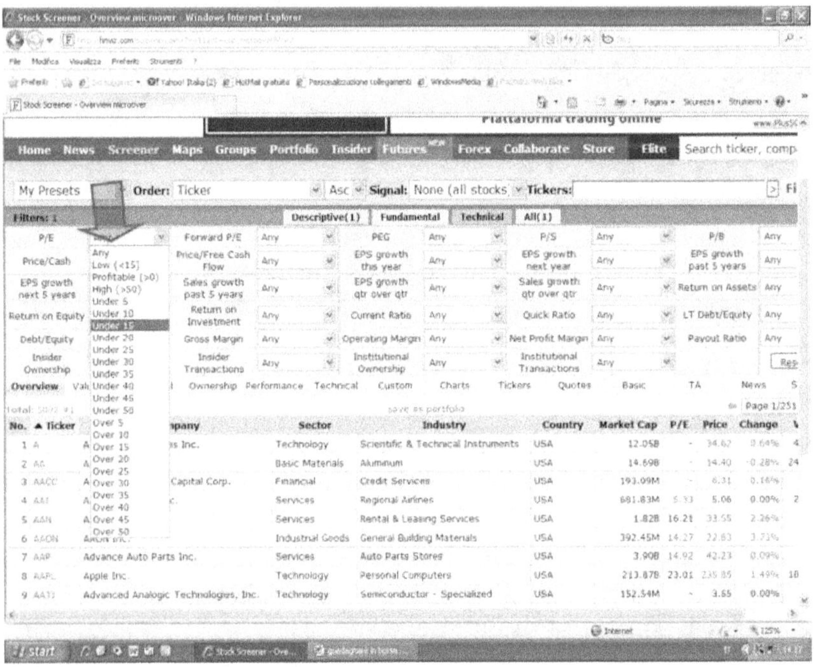

Fonte: www.finviz.com

SEGRETO n. 27: per realizzare la selezione dei migliori titoli si utilizzerà il software del sito di Finviz, scegliendo società con almeno 50 milioni di dollari di capitalizzazione.

Vediamo come, con questa operazione di screening, abbiamo portato il numero di aziende a sole 1102.

Proseguendo, in alto a sinistra, alla voce Return on Equity, nel menu a tendina selezioniamo over +40%. Ecco la schermata:

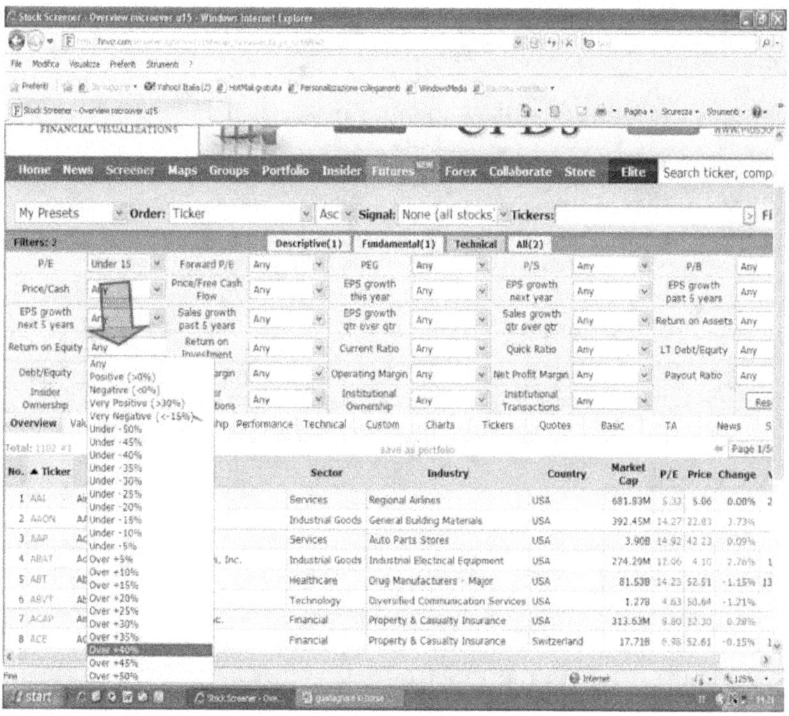

Fonte: www.finviz.com

Vediamo come, con questa seconda operazione di screening, abbiamo portato il numero di aziende a sole 114.

L'ultima selezione è rappresentata dalla voce in alto a sinistra chiamata Debt/Equity che, come abbiamo detto in precedenza, è un indice di solidità e rappresenta il rapporto tra indebitamento finanziario e patrimonio netto.

Nel menu a tendina scegliamo Under 0,1.

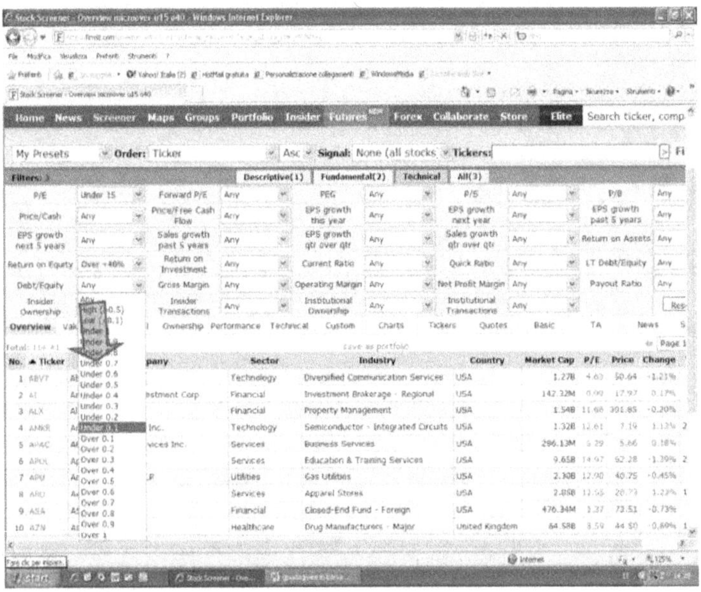

Fonte: www.finviz.com

Come selezionare le migliori società sul mercato

Vediamo come, con questa terza operazione di screening, abbiamo portato il numero di aziende a quaranta, ossia le migliori secondo i nostri parametri tra circa 6677 società presenti sul mercato americano. Ora ci concentreremo solamente su queste quaranta aziende, scegliendone le migliori.

La tabella ci mostra, per ogni azienda, il Ticker, il nome della compagnia, il settore, il paese, il P/E, il prezzo attuale, l'ultima variazione di prezzo e i volumi di scambio.

La prima operazione che faremo è togliere tutti i titoli finanziari, quindi alla voce Sector possiamo vedere quali aziende appartengono al settore Financial.

Per fare questa e le prossime operazioni prenderemo un foglio e una penna e scriveremo tutte le aziende che rimangono (fare attenzione giù in basso se ci sono più pagine alla voce next).

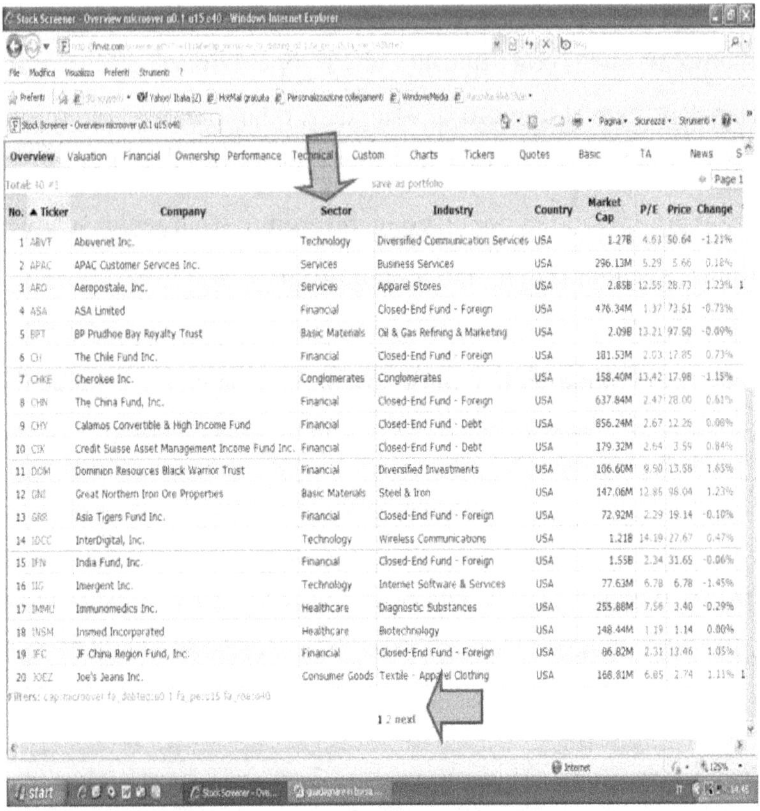

No.	▲ Ticker	Company	Sector	Industry	Country	Market Cap	P/E	Price	Change
1	ABVT	Abovenet Inc.	Technology	Diversified Communication Services	USA	1.27B	4.61	50.64	-1.21%
2	APAC	APAC Customer Services Inc.	Services	Business Services	USA	296.13M	5.29	5.66	0.18%
3	ARO	Aeropostale, Inc.	Services	Apparel Stores	USA	2.85B	12.55	28.73	1.23%
4	ASA	ASA Limited	Financial	Closed-End Fund - Foreign	USA	476.34M	1.37	73.61	-0.73%
5	BPT	BP Prudhoe Bay Royalty Trust	Basic Materials	Oil & Gas Refining & Marketing	USA	2.09B	13.21	97.50	-0.09%
6	CH	The Chile Fund Inc.	Financial	Closed-End Fund - Foreign	USA	181.53M	2.03	17.85	0.73%
7	CHKE	Cherokee Inc.	Conglomerates	Conglomerates	USA	158.40M	13.42	17.98	-1.15%
8	CHN	The China Fund, Inc.	Financial	Closed-End Fund - Foreign	USA	637.84M	2.47	28.00	0.61%
9	CHY	Calamos Convertible & High Income Fund	Financial	Closed-End Fund - Debt	USA	856.24M	2.67	12.26	0.08%
10	CIK	Credit Suisse Asset Management Income Fund Inc.	Financial	Closed-End Fund - Debt	USA	179.32M	2.64	3.59	0.84%
11	DOM	Dominion Resources Black Warrior Trust	Financial	Diversified Investments	USA	106.60M	9.50	13.58	1.65%
12	GNI	Great Northern Iron Ore Properties	Basic Materials	Steel & Iron	USA	147.06M	12.85	98.04	1.23%
13	GRR	Asia Tigers Fund Inc.	Financial	Closed-End Fund - Foreign	USA	72.92M	2.29	19.14	-0.10%
14	IDCC	InterDigital, Inc.	Technology	Wireless Communications	USA	1.21B	14.19	27.67	0.47%
15	IFN	India Fund, Inc.	Financial	Closed-End Fund - Foreign	USA	1.55B	2.34	31.65	-0.06%
16	IIG	Imergent Inc.	Technology	Internet Software & Services	USA	77.63M	6.78	6.78	-1.45%
17	IMMU	Immunomedics Inc.	Healthcare	Diagnostic Substances	USA	255.88M	7.56	3.40	-0.29%
18	INSM	Insmed Incorporated	Healthcare	Biotechnology	USA	148.44M	1.19	1.14	0.00%
19	JFC	JF China Region Fund, Inc.	Financial	Closed-End Fund - Foreign	USA	86.82M	2.31	13.46	1.05%
20	JOEZ	Joe's Jeans Inc.	Consumer Goods	Textile - Apparel Clothing	USA	168.81M	6.85	2.74	1.11%

Fonte: www.finviz.com

Nel nostro caso, le aziende finanziarie da eliminare sono quindici, e le migliori società rimaste sono venticinque. Ecco l'elenco:

CODICE	AZIENDA	P/E	ROE (%)
ABVT	ABOVENET	4,63	64,11
APAC	APAC CUST.	5,29	85,90
ARO	AEROPOSTALE	12,5	58,12
BPT	BP PRUDHOE	13,21	853,54
CHKE	CHEROKEE	13,42	53,67
GNI	GREAT NORT.	12,85	103,39
IDCC	INTERDIGITAL	14,19	66,81
IIG	IMERGENT	6,78	57,60
IMMU	IMMUNOMED.	7,56	192,79
INSM	INSMED	1,19	195,47
JOEZ	JOE'S JEANS	6,85	50,25
KERX	KERYX B.	12,09	64,26
LIWA	LIHUA I.	10,66	64,27
LORL	LORAL SPACE	4,56	72,22
ONTY	ONCOTHY.	8,85	44,99
PWRD	PERFECT WOR.	13,40	52,35
SINA	SINA CORP.	5,66	44,72
SMED	SHARP COMP.	7,41	74,47
SOLR	GT SOLAR	11,58	61,65
SYNT	SYNTEL	13,73	41,08
TNH	TERRA NITRO.	14,30	58,15
USMO	USA MOBILITY	4,41	45,11
USNA	USANA	14,61	63,19
ZAGG	ZAGG INC.	14,05	50,64
ZSTN	ZST DIGITAL	13,39	63,68

Da questo elenco di venticinque aziende eliminiamo quelle con il valore P/E inferiore a cinque.

In questo caso sono:

CODICE	AZIENDA	P/E
ABVT	ABOVENET	4,63
INSM	INSMED	1,19
LORL	LORAL SPACE	4,56
USMO	USA MOBILITY	4,41

Ne rimangono ventuno e per scegliere le migliori prenderemo in considerazione i titoli con P/E più basso e ROE più alto. Per ottenere le società con P/E più basso basta cliccare con il mouse (come dimostrato dalla freccia) su P/E, in modo da ottenere i valori dal più basso al più alto:

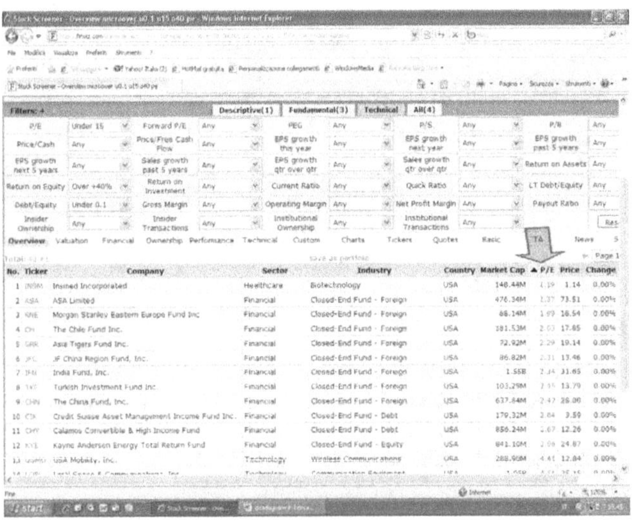

Fonte: www.finviz.com

Questa è la classifica delle società con P/E più basso (il valore migliore è quello più basso):

CODICE	AZIENDA	P/E	POSIZIONE
APAC	APAC CUSTOM.	5,29	1
SINA	SINA CORP.	5,66	2
IIG	IMERGENT	6,78	3
JOEZ	JOE'S JEANS	6,85	4
SMED	SHARP COMP.	7,41	5
IMMU	IMMUNOMEDICS	7,56	6
ONTY	ONCOTHYREON	8,85	7
LIWA	LIHUA I.	10,66	8
SOLR	GT SOLAR	11,58	9
KERX	KERYX B.	12,09	10
ARO	AEROPOSTALE	12,55	11
GNI	GREAT NORTHEN	12,85	12
BPT	BP PRUDHOE	13,21	13
ZSTN	ZST DIGITAL	13,39	14
PWRD	PERFECT WORLD	13,40	15
CHKE	CHEROKEE	13,42	16
SYNT	SYNTEL	13,73	17
ZAGG	ZAGG INC.	14,05	18
IDCC	INTERDIGITAL	14,19	19
TNH	TERRA NITR.	14,30	20
USNA	USANA	14,61	21

Per ottenere invece le società con redditività migliore (ROE) bisogna cliccare prima su Financial e poi su ROE. Nota bene: per sapere qual è il valore del ROE delle aziende, premere il pulsante Financial nella parte centrale vicino alla voce Valuation, come indicato dalla freccia:

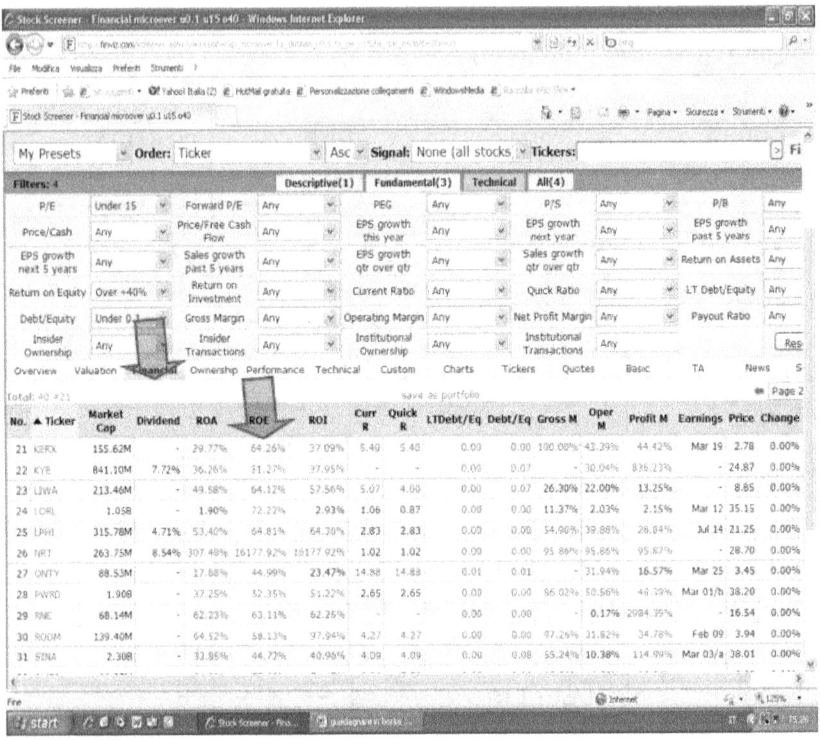

No.	Ticker	Market Cap	Dividend	ROA	ROE	ROI	Curr R	Quick R	LTDebt/Eq	Debt/Eq	Gross M	Oper M	Profit M	Earnings	Price	Change
21	KERX	155.62M	-	29.77%	64.26%	37.09%	5.40	5.40	0.00	0.00	100.00%	43.29%	44.42%	Mar 19	2.78	0.00%
22	KYE	841.10M	7.72%	36.26%	31.27%	37.95%	-	-	0.00	0.07	-	30.04%	836.23%	-	24.87	0.00%
23	LIWA	213.46M	-	49.58%	64.12%	57.56%	5.07	4.00	0.00	0.07	26.30%	22.00%	13.25%	-	8.85	0.00%
24	LORL	1.05B	-	1.90%	72.22%	2.93%	1.06	0.87	0.00	0.00	11.37%	2.03%	2.15%	Mar 12	35.15	0.00%
25	LPHI	315.78M	4.71%	53.40%	64.81%	64.30%	2.83	2.83	0.00	0.00	54.90%	39.88%	26.84%	Jul 14	21.25	0.00%
26	NRT	263.75M	8.54%	307.48%	16177.92%	16177.92%	1.02	1.02	0.00	0.00	95.86%	95.86%	95.87%	-	28.70	0.00%
27	ONTY	88.53M	-	17.88%	44.99%	23.47%	14.88	14.88	0.01	0.01	-	31.94%	16.57%	Mar 25	3.45	0.00%
28	PWRD	1.90B	-	37.25%	52.35%	51.22%	2.65	2.65	0.00	0.00	66.02%	50.56%	48.39%	Mar 01/b	38.20	0.00%
29	RNE	68.14M	-	62.23%	63.11%	62.25%	-	-	0.00	0.00	-	0.17%	2984.39%	-	16.54	0.00%
30	ROOM	139.40M	-	64.52%	58.13%	97.94%	4.27	4.27	0.00	0.00	97.26%	31.82%	34.78%	Feb 09	3.94	0.00%
31	SINA	2.30B	-	33.85%	44.72%	40.96%	4.09	4.09	0.00	0.08	55.24%	10.38%	114.99%	Mar 03/a	38.01	0.00%

Fonte: www.finviz.com

Nota bene: cliccando una sola volta su ROE si ottiene la classifica dal basso, per ottenere invece la migliore redditività bisogna cliccare una seconda volta:

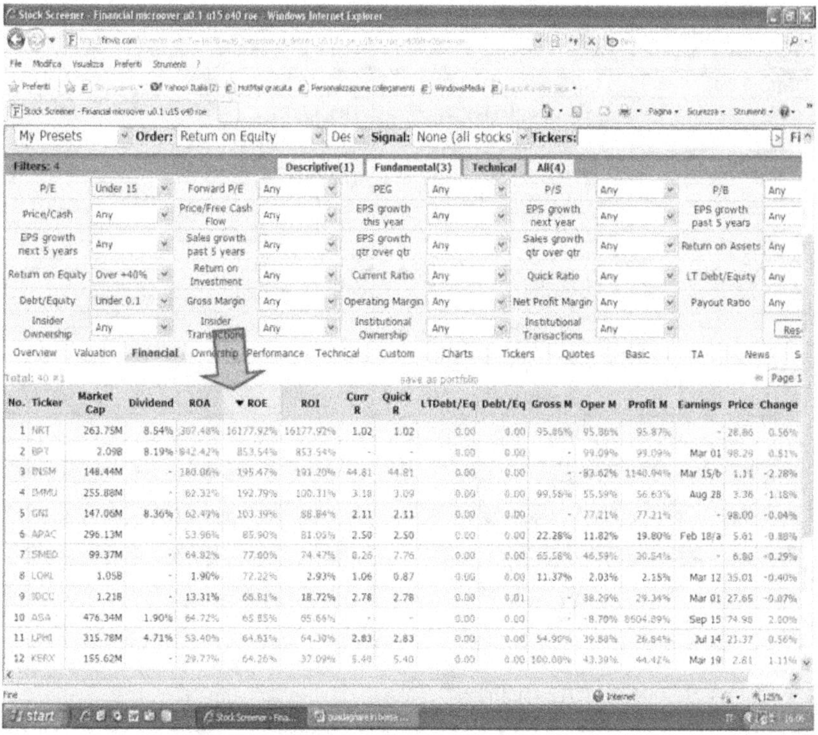

Fonte: www.finviz.com

Questa nella tabella in basso è la classifica delle società con ROE più alto (il valore migliore è quello più alto):

CODICE	AZIENDA	ROE%	POSIZIONE
BPT	BP PRUDHOE	853,54	1
IMMU	IMMUNOMEDICS	192,79	2
GNI	GREAT NORTHEN	103,39	3
APAC	APAC CUSTOMER	85,90	4
SMED	SHARP COMP.	77,60	5
IDCC	INTERDIGITAL	66,81	6
LIWA	LIHUA I.	64,27	7
KERX	KERYX B.	64,26	8
ZSTN	ZST DIGITAL	63,68	9
USNA	USANA	63,19	10
SOLR	GT SOLAR	61,65	11
TNH	TERRA NITR.	58,15	12
ARO	AEROPOSTALE	58,12	13
IIG	IMERGENT	57,60	14
CHKE	CHEROKEE	53,67	15
PWRD	PERFECT WORLD	52,35	16
ZAGG	ZAGG INC.	50,64	17
JOEZ	JOE'S JEANS	50,25	18
ONTY	ONCOTHYREON	44,89	19
SINA	SINA CORP.	44,72	20
SYNT	SYNTEL	41,08	21

SEGRETO n. 28: per poter selezionare le migliori aziende si utilizzeranno tre parametri chiamati Return on Equity, rapporto prezzo/utili e indice di solidità.

Ora sommiamo le posizioni ottenute in classifica per ottenere le aziende migliori:

CODICE	AZIENDA	P/E	ROE
APAC	APAC CUSTOM.	1	4
SINA	SINA CORP.	2	20
IIG	IMERGENT	3	14
JOEZ	JOE'S JEANS	4	18
SMED	SHARP COMP.	5	5
IMMU	IMMUNOMEDIC.	6	2
ONTY	ONCOTHYREON	7	19
LIWA	LIHUA I.	8	7
SOLR	GT SOLAR	9	11
KERX	KERYX B.	10	8
ARO	AEROPOSTALE	11	13
GNI	GREAT NORTHEN	12	3
BPT	BP PRUDHOE	13	1
ZSTN	ZST DIGITAL	14	9
PWRD	PERFECT WORLD	15	16
CHKE	CHEROKEE	16	15
SYNT	SYNTEL	17	21
ZAGG	ZAGG INC.	18	17
IDCC	INTERDIGITAL	19	6
TNH	TERRA NITR.	20	12
USNA	USANA	21	10

Ecco le undici aziende migliori:

CODICE	AZIENDA	PUNTEGGIO	POSIZIONE
APAC	APAC CUST.	1 + 4 = 5	1
IMMU	IMMUNOMEDICS	6 + 2 = 8	2
SMED	SHARP COMP.	5 + 5 = 10	3
BPT	BP PRUDHOE	13 + 1 = 14	4
GNI	GREATNORTHEN	12 + 3 = 15	5
LIWA	LIHUA I.	8 + 7 = 15	6
IIG	IMERGENT	3 + 14 = 17	7
KERX	KERYX B.	10 + 8 = 18	8
SOLR	GT SOLAR	9 + 11 = 20	9
JOEZ	JOE'S JEANS	4 + 18 = 22	10
SINA	SINA CORP.	2 + 20 = 22	11

Per scegliere i due/tre titoli migliori tra gli undici rimanenti, analizzeremo una per una le singole società facendo attenzione a due parametri molto importanti: l'Insider ownership, che rappresenta la percentuale di azioni di una società di proprietà del management, e l'Institutional transactions, che rappresenta la percentuale di azioni di una società acquistate o vendute da istituti finanziari nei tre mesi precedenti. Per effettuare la ricerca dei due parametri bisogna cliccare sulla home page di Finviz, scrivere il Ticker della prima società, in questo caso APAC, e premere Invio.

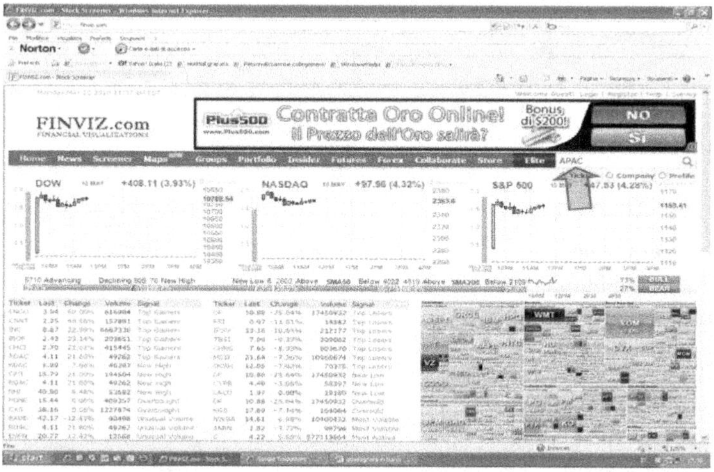

Fonte: www.finviz.com

La stessa operazione va eseguita per ogni titolo. Sotto il grafico sono riportati i due valori che servono per il nostro screening, che nel caso del titolo in questione (APAC) sono, rispettivamente, Insider ownership 55% circa e Institutional transactions 20% circa.

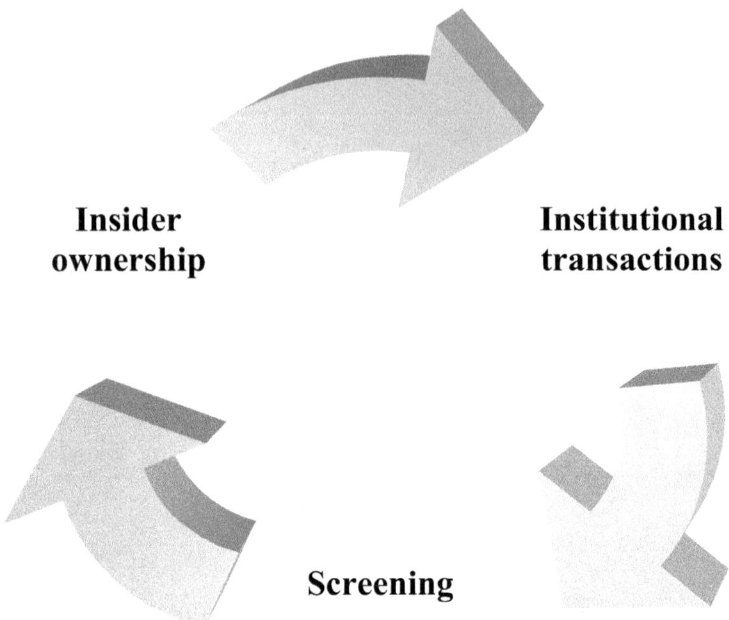

Nel nostro caso, ecco la tabella con i due parametri delle undici aziende selezionate:

CODICE	**AZIENDA**	**Insiderownership %**	**Institutional transactions %**
APAC	APAC CUST.	55	20
IMMU	IMMUNOMED.	8	11
SMED	SHARP COMP.	35	233
BPT	BP PRUDHOE	0	41
GNI	GREATNORT.	0	0
LIWA	LIHUA I.	3	285
IIG	IMERGENT	33	8
KERX	KERYX B.	6	Neg.
SOLR	GT SOLAR	0	9
JOEZ	JOE'S JEANS	45	27
SINA	SINA CORP.	10	Neg.

Per analizzare questa tabella, prenderemo in considerazione le società con Insider ownership maggiore del 30% e Institutional transactions maggiore del 40% (selezionato in grassetto).

CODICE	**AZIENDA**	**Insider ownership %**	**Institutional transactions %**
APAC	APAC CUST.	**55**	20
IMMU	IMMUNOMEDICS	8	11
SMED	SHARP COMP.	**35**	**233**
BPT	BP PRUDHOE	0	**41**
GNI	GREATNORTHEN	0	0
LIWA	LIHUA I.	3	**285**
IIG	IMERGENT	**33**	8
KERX	KERYX B.	6	Neg.
SOLR	GT SOLAR	0	9
JOEZ	JOE'S JEANS	**45**	27
SINA	SINA CORP.	10	Neg.

Come possiamo notare, la società con Ticker SMED ottiene in entrambi i casi una valutazione ottima, quindi risulta la migliore in assoluto. Le società che hanno ottenuto almeno un parametro con valutazione ottima si disporranno subito dopo in base a come sono riportante in tabella (avendo comunque, in base alla classifica precedente, un miglior P/E e ROE). In base a questi valori ecco le quattro aziende migliori:

CODICE	**AZIENDA**	**Insider ownership %**	**Institutional transactions %**
SMED	SHARP COMP.	**35**	**233**
APAC	APAC CUST.	**55**	20
BPT	BP PRUDHOE	0	**41**
LIWA	LIHUA I.	3	**285**

Queste sono le società su cui investire. Nel prossimo capitolo vedremo in che modo e quale somma destinare a ciascuna.

Il sito di Finviz offre la possibilità di osservare molti altri parametri, che nel nostro metodo di selezione non rientrano ma è comunque bene conoscere. Se, ad esempio, vogliamo vedere quali società hanno ottenuto la migliore performance in un anno, possiamo cliccare su Screener e poi su Performance:

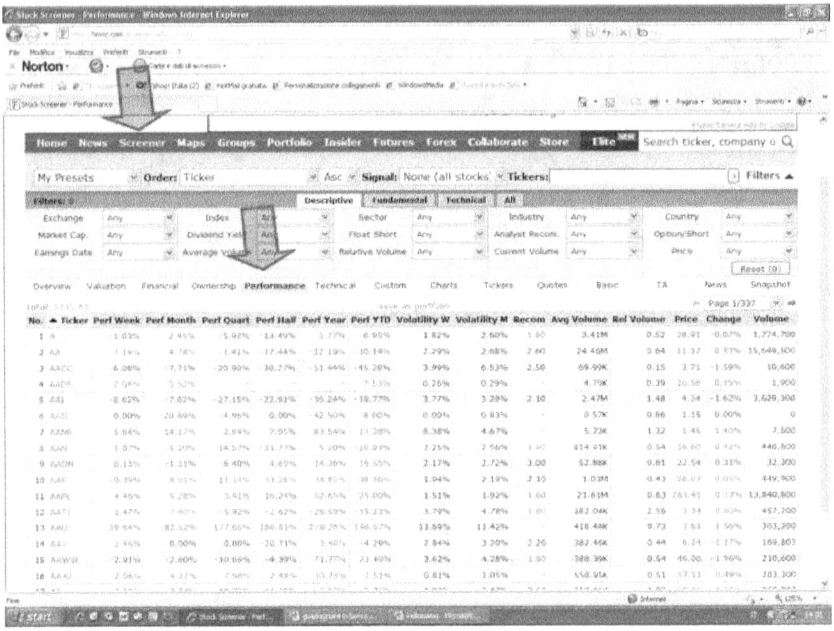

Fonte: www.finviz.com

SEGRETO n. 29: bisogna escludere dallo screening tutti i titoli appartenenti al settore finanziario e tutte le società con il rapporto P/E inferiore a cinque.

Selezionando la voce Perf year, otterremo le performance dei titoli partendo dalla peggiore. Se invece vogliamo la classifica a partire dalla migliore, clicchiamo di nuovo su Perf year:

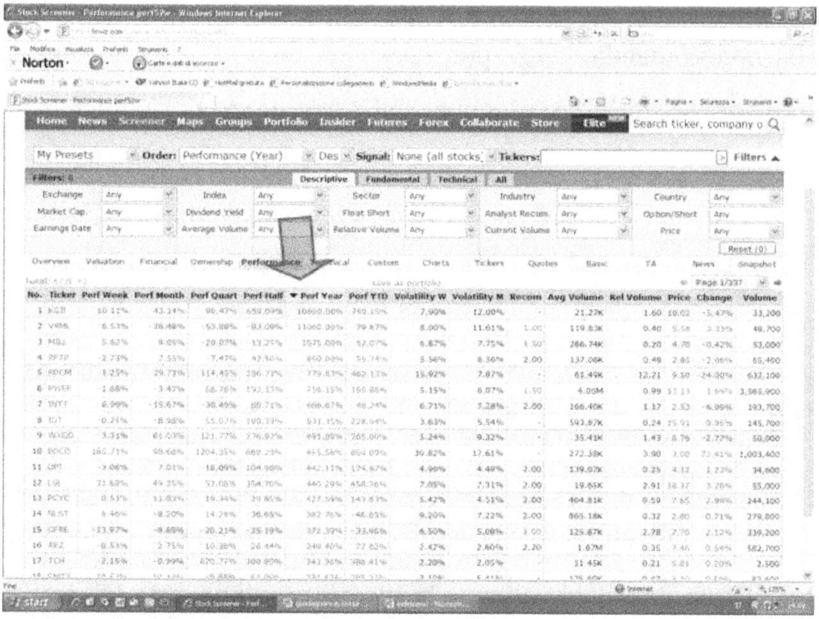

Fonte: www.finviz.com

Vediamo come il miglior titolo, in questo caso, sia Kingold (KGJI), appartenente al settore dell'oro (*gold*), che ha realizzato in un anno il 16.600%. Questo significa che, se un anno fa avessimo investito su questa società 1000 €, ora avremmo 167.000 €. La seconda in classifica è Vermillion (VRML), che ha ottenuto l'11.060%.

Come investire il capitale di cui si dispone

La mia domanda è: «Si può ideare un piano d'investimento che funzioni senza subire pressione dal punto di vista psicologico?»

Ogni investitore deve acquisire una certa disciplina per seguire il piano d'investimento stabilito e avere fiducia nelle procedure descritte in questo ebook. Ciò comporta lavoro, soprattutto nell'analisi delle aziende, e solo così, come in ogni altra attività, il vero imprenditore raggiungerà il successo.

Tutti gli operatori di successo seguono una propria metodologia coerente, nel senso che ciascuno deve elaborare un sistema d'investimento personale, rispettando al tempo stesso le regole esposte in questo manuale. Vi dico questo perché le variabili in gioco sono molte: il denaro che si è disposti a investire, il tempo da dedicare alla negoziazione, il livello di rischio che ognuno è pronto ad assumersi.

In realtà, non esistono al mondo due persone che hanno esattamente la stessa tollerabilità al rischio, la stessa quantità di denaro, lo stesso tempo a disposizione e lo stesso carattere. Per questo, la metodologia esposta in questo ebook deve essere adattata al vostro caso personale.

Molte persone seguono la moda anche negli investimenti, passando dallo scalper al cassettista, dal trading system al trading part-time. Fate attenzione, questo capita spesso quando non si vedono risultati immediati: bisogna avere pazienza e aspettare che essi maturino.

Per far ciò si dovrà adottare un sistema che vi faccia sentire a vostro agio, che si adatti al vostro carattere. Se, per esempio, un investitore è troppo nervoso o ansioso, non aspetterà che i guadagni si sviluppino e, anche se il sistema adottato è il migliore in circolazione, subirà delle perdite.

La chiave sta nello stabilire se il piano di trading sia adatto alla vostra personalità. Per fare questo ponetevi le seguenti domande:

- «Qual è il capitale che ho intenzione di investire?»
- «Qual è il tasso di rendimento annuo che mi aspetto dai miei investimenti?»
- «Quali rischi sono disposto a correre?»

- «Quanto tempo ho a disposizione da dedicare agli investimenti?»
- «Sono alla ricerca di un flusso di cassa mensile, annuale oppure i miei soldi possono essere investiti a lungo termine?»

Rispondete alle domande con sincerità e cercate di fissare il vostro obiettivo in tempi realistici, come si farebbe per qualsiasi altra attività commerciale.

L'importanza di un business plan o piano commerciale è fondamentale, perché senza di esso è molto probabile che sarete spinti dalle emozioni che di solito, nel business, portano a fallire.

La maggior parte dei trader o investitori di successo ha un metodo di negoziazione preciso. Un piano d'investimento non è altro che un insieme di regole da rispettare indipendentemente dall'andamento del mercato. Il piano va elaborato prima di eseguire gli investimenti, e una delle cose più importanti che potete fare è scriverlo su un quaderno.
Prendetevi il tempo necessario, sedetevi e scrivete il vostro piano di trading nel dettaglio. Annotate tutte le operazioni che

effettuate, sia d'ingresso sia di uscita dal mercato, e segnalate eventuali errori da evitare in futuro.

Come abbiamo visto, per il metodo descritto in questo ebook non c'è bisogno di spendere migliaia di euro per software grafici: ormai internet mette a disposizione grafici avanzati anche gratuitamente.

Una delle cose possibili nel trading a differenza che in altre attività è il test del piano trading senza il rischio di soldi veri. Questo processo, chiamato Testing Back, è molto utile e importante prima di rischiare i propri soldi, ma è trascurato dalla maggior parte degli investitori perché è ritenuto una perdita di tempo.

Qualunque investimento si utilizzerà, che si tratti di Forex, azioni, materie prime o qualsiasi altro sistema, è molto meglio utilizzare il Testing Back a fondo, al fine di eliminare ogni possibile dubbio in proposito.
Sono sicuro che, quando investirete realmente i vostri soldi, cercherete di modificare il piano di trading, spesso con

conseguenze devastanti. Se invece avete consolidato in precedenza la necessaria fiducia nel piano con un Testing Back, non sarete tentati di modificare il sistema sviluppato. Anche un piccolo cambiamento nel sistema può avere un effetto molto negativo sulle performance finali.

Fatta questa premessa, ora che abbiamo selezionato i titoli migliori, vi indicherò come investire il vostro capitale a disposizione. Senza un metodo di gestione, si viene trascinati dall'emotività del momento, e proprio per evitare tutto ciò bisogna decidere a priori come si deve investire.

Di norma, nel processo d'investimento molte persone trovano difficoltà a gestire le seguenti voci:

- diversificazione del capitale a disposizione;
- azioni da comprare;
- quantità di azioni da comprare;
- quando vendere.

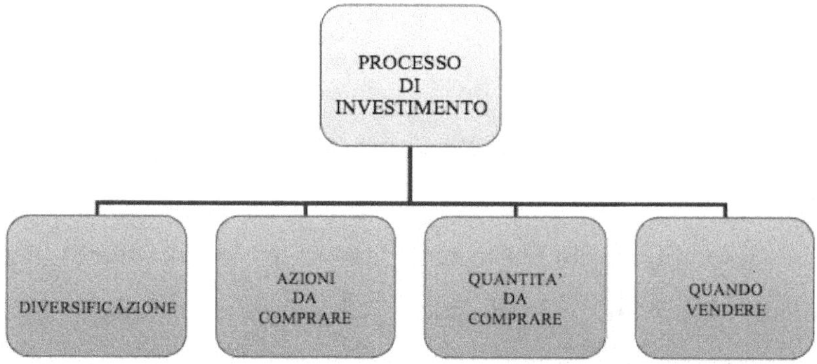

Da premettere che il capitale di partenza non deve essere inferiore ai 20.000 € perché, con le commissioni da pagare alla banca, il guadagno diminuirebbe molto.

Deciso qual è il capitale che volete investire, supponiamo per esempio che sia di 24.000 €. Dividiamo questa somma per i dodici mesi dell'anno e otteniamo la cifra da investire ogni mese. In base all'esempio otteniamo:

24.000/12 = 2000 (somma da investire ogni mese)

Selezioniamo, tra i migliori quattro titoli ottenuti con la tecnica utilizzata, i due titoli migliori, utilizzando 1000 € per ogni titolo:

Titolo 1: investimento 1000 €
Titolo 2: investimento 1000 €

Ogni mese utilizzeremo la tecnica di selezione per scegliere i due titoli migliori, fino a raggiungere nel primo anno un totale di ventiquattro titoli azionari.

Secondo la mia esperienza, le azioni vanno vendute in due casi:

- ottengono un guadagno del 50%;
- dopo diciotto mesi.

Ovviamente, questo non è un parametro che l'investitore dovrà rispettare obbligatoriamente. Se si vuole correre il rischio di guadagnare maggiormente, accrescendo naturalmente anche la possibilità di perdere, si potrà aumentare il valore intorno al 90-100%, oppure vendere direttamente le azioni dopo diciotto mesi con la possibilità che una delle società presenti nel portafoglio raggiunga performance del 200-300%.

Come vendere le azioni evitando di stare incollati al monitor

Seguendo il metodo descritto nel capitolo precedente, le azioni vanno vendute in due casi. Per eseguire la vendita con un guadagno del 50% (oppure della percentuale che si desidera realizzare), basta impostare un ordine condizionato (take profit) in cui si stabilisce che al raggiungimento del 50% l'ordine va a mercato. Ecco un esempio:

Acquisto: 40 azioni di DELL
Prezzo: 25 € ognuna
Totale: 1000 €.
Immetto un ordine condizionato nel sistema della banca.

Vendita: 40 azioni di DELL
Prezzo: 37,5 € ognuna
Totale: 1500 €
Guadagno: 50%

Qualora le azioni, dopo diciotto mesi, non ottengano almeno il 50%, vanno vendute a prezzo di mercato con ordine limitato (non usare ordini al meglio). Ogni volta che vendiamo dei titoli, sia che abbiano ottenuto il 50%, sia dopo diciotto mesi, essi vanno sostituiti con altri nuovi, ottenuti con il medesimo procedimento, in modo tale che il portafoglio sia composto sempre da ventiquattro titoli.

SEGRETO n. 30: per investire al meglio bisogna adattare l'investimento scelto alla propria personalità e relativa tolleranza al rischio.

Per ottenere un guadagno costante, questa tecnica va utilizzata per almeno cinque anni, anche se la durata giusta dovrebbe essere superiore ai dieci anni.

Questo è uno dei metodi per eseguire l'analisi tramite Finviz, ma potete usare qualunque sito specializzato ed effettuare la selezione secondo questi tre semplici parametri, rispettando le regole descritte precedentemente:

- ROE (*Return on Equity*) maggiore di 40;
- P/E (rapporto prezzo/utili) minore di 15;
- Debt/Equity (indice di solidità) minore di 0,1.

RIEPILOGO DEL GIORNO 6:

- SEGRETO n. 26: l'acquisto di una notevole quantità di azioni da parte del personale dell'azienda rappresenta una nota positiva, anche se non basta per garantire un guadagno.
- SEGRETO n. 27: per realizzare la selezione dei migliori titoli si utilizzerà il software del sito di Finviz, scegliendo società con almeno 50 milioni di dollari di capitalizzazione.
- SEGRETO n. 28: per poter selezionare le migliori aziende si utilizzeranno tre parametri chiamati *Return on Equity*, rapporto prezzo/utili e indice di solidità.
- SEGRETO n. 29: bisogna escludere dallo *screening* tutti i titoli appartenenti al settore finanziario e tutte le società con il rapporto P/E inferiore a cinque.
- SEGRETO n. 30: per investire al meglio bisogna adattare l'investimento scelto alla propria personalità e relativa tolleranza al rischio.

GIORNO 7:
Come riconoscere gli abusi di mercato

Manipolazione e abuso di informazioni privilegiate

Come sappiamo, nei mercati finanziari ogni giorno vengono scambiati quantitativi notevoli di titoli. Può capitare, però, che alcune operazioni vengano manipolate da persone che hanno accesso a informazioni privilegiate (amministratori, direttori, segreterie ecc.) o da altre che forniscono notizie false tramite qualunque canale, per ottenere un guadagno personale. Per questo motivo, al fine di assicurare l'integrità dei mercati finanziari, da aprile 2006 sono entrate in vigore nuove disposizioni normative che obbligano le banche a comunicare alla Consob (che rappresenta l'organo di controllo in Italia) le operazioni dei clienti che potrebbero commettere abusi.

Queste nuove norme puntano a ostacolare gli abusi di mercato che danneggiano la fiducia degli investitori nel loro investimento, qualunque esso sia. Queste nuove disposizioni normative risultano indispensabili per assicurare la massima trasparenza dei mercati e la fiducia degli investitori. Generalmente, queste direttive (Market abuse) riguardano soprattutto l'abuso di informazioni privilegiate e la manipolazione di mercato.

Per informazioni privilegiate s'intende il possesso d'informazioni di cui altri non dispongono. A titolo d'esempio, questo è il caso del direttore di una società che, sapendo in anticipo che il bilancio dell'ultimo trimestre sarà positivo, compra azioni senza darne comunicazione pubblica oppure fornisce ad altri queste informazioni. Avvalendosene, il direttore compie un reato che attualmente è punito con la reclusione da uno a sei anni e con una multa da 20.000 € a 3.000.000 € (a seconda della gravità operata).

Ovviamente, chiunque utilizzi a proprio vantaggio queste informazioni, anche se indirettamente, sarà punito nella stessa maniera. Questi reati, anche se commessi all'estero, sono comunque puniti secondo la legge italiana.

La manipolazione del mercato, invece, avviene quando vengono diffuse notizie false (a titolo d'esempio, quando si fa sapere che una data azienda ha scoperto la cura per un tumore, ma in verità è solo una notizia falsa per far salire il prezzo dell'azione) oppure si compiono operazioni simulate senza l'intenzione di eseguirle o si mette in atto qualunque altro artificio per provocare uno spostamento del prezzo di uno strumento monetario. Questo tipo di reato attualmente è punito con la reclusione da uno a sei anni e una multa da 20.000 € a 5.000.000 € (a seconda della gravità operata).

SEGRETO n. 31: per assicurare l'integrità dei mercati finanziari sono entrate in vigore nuove disposizioni normative per cui le banche devono segnalare alla Consob gli abusi di mercato.

Tutti questi abusi rappresentano un ostacolo alla creazione di un mercato finanziario globale efficiente e trasparente. Solamente con regole efficienti sarà possibile sconfiggere davvero la criminalità finanziaria e riconquistare la fiducia dei risparmiatori di tutto il mondo delusi dai numerosi episodi di corruzione finanziaria degli ultimi anni.

Le banche, o qualunque altro intermediario finanziario, dovranno munirsi di un archivio in cui registrare le operazioni sospette selezionate secondo questi parametri:

- modalità di inserimento ordini;
- ordini revocati o ineseguiti;

- controvalore dell'ordine;
- volume e relativo prezzo di compravendita;
- movimentazione media del portafoglio;
- divisa di riferimento (dollaro, euro ecc.);
- ordini di compravendita su un breve lasso di tempo;
- prezzo di apertura e chiusura.

Tra tutti questi parametri, saranno in seguito estrapolate le operazioni sospette e segnalate alla Consob solo quelle che veramente hanno compiuto un abuso.

Questa normativa, oltre ad assicurare la correttezza dei mercati finanziari, permette di aumentare la fiducia degli investitori negli investimenti, in modo tale che anche chi è alle prime armi potrà iniziare con fiducia a capitalizzare i propri risparmi.

L'abuso d'informazioni privilegiate viene chiamato tipicamente "reato di Insider Trading", mentre la diffusione di informazioni fuorvianti viene chiamata "aggiotaggio". È da precisare che l'avvalersi di un'informazione privilegiata non costituisce reato se la società adempie agli obblighi di comunicazione secondo le norme previste: in questa ipotesi, infatti, l'informazione non è più riservata perché pubblicata. Questa normativa non vale solo per i mercati regolamentati ma anche per altri mercati alternativi, per evitare che l'abuso si diffonda ugualmente.

SEGRETO n. 32: per informazione privilegiata si intende un'informazione di carattere preciso, che non è stata resa nota al pubblico.

Come abbiamo visto, chiunque abbia accesso a un'informazione privilegiata ha il divieto di usarla per acquistare o vendere strumenti finanziari per un proprio vantaggio economico, o di comunicare ad altri l'informazione stessa perché venga sfruttata.

Ma chi sono questi membri a rischio? Di solito si pensa ai direttori o amministratori di una società, ma in effetti rientra nella lista chiunque lavori all'interno dell'azienda: segretari, addetti stampa, tutta la direzione, organi di vigilanza, soci, insomma tutti coloro che possono acquisire informazioni private.

In caso di abuso, le autorità competenti imporranno

provvedimenti ingiuntivi e cautelativi per esigere l'interruzione dell'attività finanziaria.

SEGRETO n. 33: la comunicazione delle informazioni privilegiate al di fuori del normale esercizio della professione o attività costituisce reato di manipolazione del mercato.

Le operazioni sospette

Nella manipolazione di mercato riscontriamo tre tipi di contraffazione:

- manipolazione d'informazioni;
- manipolazione di operazioni;
- manipolazione di compravendite.

Nella prima, si ha la propagazione di notizie false che all'investitore sembrano vere, ma servono solamente a creare un guadagno per chi le ha diffuse. Nella seconda, la manipolazione avviene da parte di un soggetto o più soggetti in accordo tra loro che eseguono operazioni fittizie al fine di originare un aumento di volume che causerebbe un falso segnale per altri investitori. Nella terza contraffazione, la manipolazione avviene comprando effettivamente i titoli e facendone quindi aumentare il prezzo, che in questo modo diventa appetibile per altri investitori; non appena il titolo raggiunge una certa soglia, il manipolatore venderà tutti i titoli in suo possesso, con pesanti danni per chi vi aveva investito credendo nel loro aumento.

La normativa non è applicata alle operazioni concluse con accordi stretti prima che le persone avessero le informazioni privilegiate, questo per garantire le operazioni interne all'azienda. Poiché la normativa ricopre un vasto elenco di abusi, nella direttiva vengono descritti alcuni esempi di manipolazione di mercato che servono alle istituzioni per l'individuazione e il controllo continuo degli investimenti finanziari. È da rilevare che alcuni esempi descritti potrebbero essere consentiti se rientrano in particolari motivazioni previste dalle leggi e dai regolamenti.

Operazioni finte

Questa procedura consiste nel compiere una o più compravendite presentate al pubblico, solo per creare l'apparenza di un movimento dei prezzi di qualunque strumento finanziario.

Ordini collegati impropriamente

Questa operazione consiste nel compiere una o più compravendite presentate al pubblico, eseguite da persone che operano simultaneamente con gli stessi prezzi e quantitativi.

Immissione di ordini a mercato senza l'obiettivo di eseguirli

Questa procedura consiste nell'immissione di ordini a prezzi sostanzialmente distanti dal valore di compravendita. L'obiettivo non è quello di eseguire l'ordine, ma di dare indicazioni sbagliate sullo strumento finanziario sottostante.

Alterare il prezzo in chiusura

Questa operazione consiste nella compravendita di strumenti finanziari o derivati verso la chiusura delle negoziazioni, in maniera da manipolare il prezzo finale.

Di solito, questa procedura viene completata nei giorni di scadenza dei contratti derivati o quando vengono quantificate le commissioni su portafogli gestiti.

Colludere sul mercato secondario dopo un collocamento effettuato nell'ambito di un'offerta al pubblico

Questa procedura viene applicata sul mercato secondario dopo che è terminata l'offerta pubblica. Infatti, gli investitori che già avevano acquistato azioni sul mercato primario, ne acquistano altre sul mercato secondario per far aumentare il prezzo e coinvolgere altri investitori.

Appena il prezzo si muove verso l'alto, venderanno le loro azioni detenute in portafoglio ottenendo un abbondante guadagno.

Deformare in modo abusivo il mercato

Quest'atteggiamento è proprio degli investitori con un notevole potere sulla compravendita, che sfruttano la posizione predominante in maniera da modificare significativamente il valore delle azioni che altri investitori sono obbligati a comprare (vendere) per motivi di scadenza o per nuovi impegni.

Formazione di un livello minimo al flusso dei prezzi

Questa procedura viene eseguita quando si inseriscono ordini per evitare di far scendere i prezzi sotto una certa soglia. Di solito viene effettuata da società che non vogliono far abbassare il *rating* degli strumenti finanziari.

Enormi quotazioni "denaro/lettera"

Quest'abuso prevede che gli specialisti del mercato, o market makers, tengano volontariamente lo spread denaro/lettera su livelli lontani dal prezzo di mercato dell'azione.

Compravendite realizzate in un mercato per condizionare i prezzi di uno strumento finanziario in un mercato correlato

Questa procedura consiste nel compiere operazioni con la sola finalità di influenzare il prezzo su un mercato finanziario correlato o collegato.

Nascondere la proprietà

L'abuso viene adoperato da investitori che eseguono operazioni che hanno il fine di nascondere la vera proprietà di uno strumento finanziario e che risultano false nei confronti del pubblico.

Propagazione d'informazioni di mercato false o fuorvianti tramite mezzi di comunicazione, compreso internet, o tramite qualsiasi altro mezzo

Questo abuso consiste nella diffusione di informazioni di mercato false, ovviamente anche tramite internet, con l'intenzione di far muovere il prezzo di un titolo in una direzione vantaggiosa per chi ha emesso la notizia.

Gonfiare e scaricare

Questa procedura viene messa in atto da quegli investitori che comprano un determinato titolo e diffondono notizie positive in modo tale che il prezzo continui a salire. Non appena il prezzo diventa appetibile, il manipolatore vende con un lauto guadagno.

Screditare e incassare

Questa procedura non è altro che il contrario di quella descritta precedentemente, e viene messa in atto da quei soggetti che, avendo una posizione ribassista aperta, diffondono notizie negative sullo strumento finanziario per farne diminuire il valore.

SEGRETO n. 34: la diffusione tramite mezzi di comunicazione, compreso internet, di informazioni, voci o notizie false costituisce illecito amministrativo.

Aprire una posizione e chiuderla immediatamente dopo che è stata resa nota al pubblico

Questa operazione viene di solito attuata da grandi investitori, le cui opzioni sono considerate dagli investitori come scelte importanti da replicare. L'abuso consiste nel vendere lo strumento finanziario non appena si è diffusa la notizia.

Tra le sanzioni applicate agli abusi, oltre a quelle penali e amministrative già citate in precedenza, ci sono anche quelle d'interdizione e sono:

- interdizione dall'esercizio dell'attività;
- sospensione o revoca delle autorizzazioni;
- divieto di contrattare con la Pubblica amministrazione;
- sospensione di licenze o concessioni;
- esclusioni o revoca di agevolazioni;
- esclusioni o revoca di finanziamenti e contributi;
- divieto di pubblicare beni e servizi.

Per ulteriori informazioni si rimanda al sito internet della Consob.

RIEPILOGO DEL GIORNO 7:

- SEGRETO n. 31: per assicurare l'integrità dei mercati finanziari sono entrate in vigore nuove disposizioni normative per cui le banche devono segnalare alla Consob gli abusi di mercato.
- SEGRETO n. 32: per informazione privilegiata si intende un'informazione di carattere preciso, che non è stata resa nota al pubblico.
- SEGRETO n. 33: la comunicazione delle informazioni privilegiate al di fuori del normale esercizio della professione o attività costituisce reato di manipolazione del mercato.
- SEGRETO n. 34: la diffusione tramite mezzi di comunicazione, compreso internet, di informazioni, voci o notizie false costituisce illecito amministrativo.

Conclusione

Ho iniziato questo ebook parlando di psicologia, e ho spiegato quanto sia importante la disciplina se si vuole essere un investitore di successo. Concludo ora dicendo che, se vuoi essere completamente padrone dei tuoi soldi, devi essere padrone di te stesso.

Bastano tre semplici mosse per ottenere l'indipendenza finanziaria: disporre di un capitale da investire; ottenere un buon tasso di rendimento; lasciare investito il capitale nel tempo.

Basti pensare che un capitale di soli 4800 €, investiti al tasso del 2%, dopo trent'anni diventa 8700 €. Lo stesso capitale, investito in azioni con interesse di circa il 10%, raggiungerebbe quasi i 70.000 €. Penso che 70.000 € non cambino la vita, ma immaginate quanti soldi potreste guadagnare se ogni anno metteste da parte 4800 € per trent'anni. Beh, siamo vicini al milione di euro... Proprio così: con soli 4800 € all'anno dopo trent'anni sareste milionari. Basta semplicemente risparmiare 400 € al mese, 13 € al giorno, investirli in azioni e dopo trent'anni sarete milionari!

Questa è la formula per l'indipendenza finanziaria e, come abbiamo detto, è composta solo da tre variabili. Appena avrete acquisito questo sistema, cercherete opportunità di investimento in ogni angolo della terra. È ovvio che, se avete bisogno di denaro nei prossimi tre/cinque anni, è meglio investire in obbligazioni, visto che in tutti gli investimenti rischio e rendimento vanno di pari passo. Se invece il denaro non vi serve nei prossimi cinque/dieci anni, potete investire nel mercato azionario che storicamente ha ottenuto un ritorno medio annuo intorno al 10%.

Molte persone combattono ogni giorno con le proprie emozioni, e tu potresti essere una di queste. In questo ebook ti ho fornito molte informazioni, ma senza la determinazione necessaria non puoi arrivare al successo. Forse gli investimenti non sono adatti a te o semplicemente non sei adatto alla negoziazione, allora dovrai cercare altre strade. Tuttavia, con la passione, l'impegno e l'autodisciplina si può diventare grandi investitori. Raggiungere questo scopo significa prendere in mano le redini della propria vita e del proprio destino finanziario.

Costruire una vita straordinaria richiede chiarezza, scoprite cosa volete e cambiate programma! Capite quali solo gli elementi importanti nella vostra vita – attività, carriera, denaro, finanze, relazioni personali, salute, benessere, realizzazione – e trasformate i sogni in realtà.

Ognuno di noi è unico e diverso, ha qualcosa di speciale da offrire al mondo: scopri quali sono i tuoi talenti e utilizzali! Per essere veramente felici, dobbiamo usare i nostri doni per aggiungere valore alla vita nostra e degli altri. Scopriamo il nostro scopo e la nostra missione. Cerchiamo di capire qual è la nostra passione e troveremo il business che ci consentirà di creare ricchezza.

Se avete un piano d'azione nel lungo termine, la vostra capacità di rivedere o anche cambiare la vostra vita in qualsiasi momento porterà valore alla vita stessa. Congratulazioni per essere arrivati fin qui e spero che i miei consigli siano stati utili. Grazie per l'attenzione e in bocca al lupo!

Ringraziamenti

Desidero ringraziare dal profondo del cuore tutte le persone che sono entrate nella mia vita ispirandomi con la loro presenza. In ogni ambito ci sono eroi nascosti, i veri artefici della vittoria finale. È difficile stabilire una gerarchia tra tutte le persone che mi danno forza nella vita.

A mio fratello e alla mia famiglia: il vostro amore è la mia forza. Ringrazio anche tutti gli amici e i conoscenti che contribuiscono a una qualità della vita migliore.

Rivolgo un ringraziamento particolare a tutti gli insegnanti dei vari seminari che hanno arricchito e migliorato le mie strategie e abilità ma, soprattutto, ringrazio voi lettori, che dopo aver terminato questo manuale sarete in grado di investire con maggior successo le vostre risorse finanziarie.

www.ingramcontent.com/pod-product-compliance
Lightning Source LLC
LaVergne TN
LVHW050858051026
849532LV00006BA/2299